本书出版得到国家社科基金项目（16CRK005）和山东省高校人文社科项目

（J14WG13）的资助

西安交通大学
人口与发展研究所·学术文库

中国性别失衡
演变机制研究

闫绍华　李树茁／著

EVOLUTION
MECHANISMS OF
SKEWED SEX RATIO
IN CHINA

社会科学文献出版社
SOCIAL SCIENCES ACADEMIC PRESS (CHINA)

总　　序

　　西安交通大学人口与发展研究所一直致力于社会性别歧视与弱势群体问题的研究，在儿童、妇女、老年人、失地农民、城乡流动人口（农民工）和城镇企业困难职工等弱势群体的保护和发展领域进行了深入研究。研究所注重国内外的学术交流与合作，已承担并成功完成了多项国家级、省部级重大科研项目及国际合作项目，在弱势群体、人口与社会发展战略、公共政策研究等领域积累了丰富的理论与实践经验。

　　研究所拥有广泛的国际合作网络，与美国斯坦福大学人口与资源研究所、杜克大学、加州大学尔湾分校、南加州大学、加拿大维多利亚大学、圣塔菲研究所等国际知名大学和研究机构建立了长期的学术合作与交流关系，形成了研究人员互访和合作课题研究等机制；同时，研究所多次受联合国人口基金会、联合国儿童基金会、联合国粮农组织、世界卫生组织、国际计划、美国 NIH 基金会、美国福特基金会、麦克阿瑟基金会等国际组织的资助，合作研究了多项有关中国弱势群体问题的项目。国际合作使研究所拥有了相关学术领域的国际对话能力，扩大了国际影响力。

　　研究所注重与国内各级政府部门的密切合作，已形成了与国家、地方各级政府的合作研究网络，为研究的开展及研究成果的推广提供了有利条件和保障。研究所多次参与有关中国弱势群体、国家与省区人口与发展战略等重大社会问题的研究，在有关政府部门、国际机构的共同合作与支持下，在计划生育和生殖健康、女童生活环境等领域系统地开展了有关弱势群体问题的研究，并将研究结果应用于实践，进行了社区干预与传播扩散。1989 年以来，研究所建立了 6 个社会实验基地，包括"全国 39 个县建设新型婚育文化社区实验网络"（1998～2000 年，国家人口和计划生育委员会）、"巢湖改善女孩生活环境实验区"（2000～2003 年，美国福特基金会、国家人口和计划生育委员会）、"社会性别引入生殖健康的实验和推广"（2003 年至今，美国福特基金会、联合国人口基金会与国家人口与计划生育委员会）等。其中，"巢湖改善女孩生活环境实验区"在国内外产生了重要的影响，引起了国家和社会各界对男孩偏好问题的重视，直接推动了全国"关爱女孩行动"的开展。

近年来，研究所开始致力于人口与社会可持续发展的理论、方法、政策和实践的系统研究，尤其关注以社会性别和社会弱势人群的保护与发展为核心的交叉领域。作为国家"985 工程"研究基地的重要组成部分，研究所目前的主要研究领域包括：人口与社会复杂系统的一般理论、分析方法与应用研究——探索人口与社会复杂系统的理论和方法，分析人口与社会复杂系统的一般特征及结构，建立人口与社会复杂系统模型，深入分析社会发展过程中出现的重大人口与社会问题；人口与社会政策创新的一般理论、分析方法与应用研究——分析人口与社会政策创新的理论内涵与模式，人口与社会政策创新的政策环境、条件、机制、过程与应用，建立人口与社会政策创新评估体系；转型期面向弱势群体保护与发展的社会政策创新研究、评价与实践——以多学科交叉的研究方法，研究农村流动人口在城镇社会的融合过程，分析农民工观念与行为的演变及其影响机制，研究其人口与社会后果，探索促进农民工社会融合的途径，探讨适合中国国情的城镇化道路；国家人口与社会可持续发展决策支持系统的研究与应用——在人口与社会复杂系统和人口与社会政策创新研究的基础上，结合弱势群体研究所得到的结果，面向国家战略需求，从应用角度建立人口与社会可持续发展决策支持系统，形成相应的数据库、模型库、知识库和方法库，解决人口与社会可持续发展过程中的重大战略问题。

中国社会正处于人口与社会的急剧转型期，性别歧视、城乡社会发展不平衡、弱势群体等问题日益凸显，社会潜在危机不断增大，影响并制约着人口与社会的可持续发展。西安交通大学人口与发展研究所的研究成果有利于解决中国社会面临的、以社会性别和弱势群体保护与发展为核心的人口与社会问题。本学术文库将陆续推出其学术研究成果，以飨读者。

摘　要

　　亚洲国家普遍存在性别失衡现象，性别失衡问题的出现、加剧甚至消退具有阶段性。Guilmoto 的研究显示，出生人口性别比的演变呈现"先攀升，后高位徘徊，最后下降至平衡"的三阶段特征。亚洲最早出现出生人口性别比偏高现象的韩国目前已基本实现性别平衡。20世纪 80 年代起，中国的出生人口性别比持续偏高，至今仍在高位徘徊，其演变趋势和内在机制仍成为学界关注的焦点。本书基于国内外性别失衡相关理论和生育行为转变理论，结合我国性别失衡中出生人口性别比偏高问题的现实背景，构建时空视角下中国性别失衡演变机制的分析框架，并应用该框架分析中国现实问题。

　　本书首先提出基于时空视角的性别失衡演变机制理论分析框架。基于国内外与性别失衡相关或相似生育行为转变研究的理论基础，结合我国性别失衡中出生人口性别比偏高问题的现实背景，构建时空视角下的中国性别失衡演变机制分析框架。该框架将时间和空间的视角与 RWA 行为扩散理论相结合，既能够从微观上解释性别失衡的内在机制，也能够在宏观上展示性别失衡的演变过程及时空机制，二者结合能够很好地展示我国 30 多年来性别失衡演变机制的全景。

　　基于全国范围市级的三次普查数据汇总和分析，本书总结得出中国性别失衡演变过程和区域类型，发现我国的性别失衡演变基本符合 Guilmoto 提出的性别比转变（Sex Ratio Transition）模式，中国性别失衡的演变模式呈现与生育水平互动的开始偏高、逐步升高和高位徘徊的阶段特征，并因为地区间男孩偏好强弱差异而存在不同的亚型。

利用提出的分析框架对中国性别失衡演变进行分析，本书发现了空间和时间视角下的中国性别失衡演变机制。在 RWA 理论的指导下，本书发现意愿要素、效益要素和能力要素的空间差异对我国的性别失衡均有影响，其中意愿要素在性别失衡演变中起着最为重要的作用，其次为效益要素。社会中男性和女性的经济地位差异能够较大幅度地影响出生人口性别结构。从区域对比看，在强偏好地区，能力要素对性别失衡的影响较大，弱偏好地区能力要素对性别结构没有显著影响。在时间视角下，除了环境因素的作用之外，性别失衡演变受到时间因素的扩散影响。中国的社会变迁具有显著的阶段性社会经济特征，这些因素变迁导致性别选择行为发生和扩散的要素发生变化，包括不同性别子女的成本收益差异、人们的男孩偏好和对性别选择行为的道德法律规范，以及获取性别选择行为技术手段的能力等，进而影响出生人口性别比的变动。本书通过总结分析展示出中国性别失衡的时间演变机制。

根据研究发现，本书提出一些公共政策建议，旨在促进性别平等，分区域、分阶段地有效治理我国的出生人口性别结构失衡问题。

Abstract

The problem of gender imbalance is widespread in Asian countries. Gender imbalance evolved with stage features of occurrence, development and disappearance. Guilmoto' research shows that gender imbalance showed features of three stages which is "first climb, then hovering, finally fell to balance". Korea, the country who encountered imbalance SRB, now has been basically achieved the goal of gender balance. Since 1980, China's sex ratio at birth is rising continuously and still hovering. Future trend of gender imbalance in China become academic focus. Based on foundation of theory as well as research of demographic transition and gender imbalance, this book aims to build the gender imbalance evolution analytical framework, and apply the framework to analyze the evolution of China's gender imbalance.

This book proposes the theoretical framework to analysis the evolution of gender imbalance. Based on the theoretical foundation of the change of fertility behavior related or similar gender imbalances at home and abroad, combined with our high sex ratio realities and characteristics of the problem, build analytical framework for the evolution of gender imbalance. The framework consists of macro-space theory of fertility behavior and micro-RWA combination of diffusion theory, macro-analysis can be a good part of the evolution of gender imbalance, microscopic theory of macro-oriented research and analysis is to help the gender imbalance mechanisms behind the effect, two who can be a good show combines three decades of gender imbalance of evolutionary mechanisms of the whole process.

We summarize the evolution of Chinese gender imbalance patterns and area type. Found that the evolution of China's gender imbalance in line with Guilmoto's sex ratio transition model, Chinese model presents the evolution of gender imbalance for high fertility levels begin to interact, and gradually rise and hovering phase characteristics, and because of a strong preference for boys between regions weak difference from different subtypes.

We reveal that China's gender imbalance is affected by factors social, culture and economic environmental factors, as well as time effect by diffusion. In theory, under the guidance RWA found willingness class feature, benefit class elements and factors on our ability classes are affected gender imbalance, which willingness of elements in the evolution of gender imbalance among the most important role, followed is benefit elements. Men and women's economic status is a substantial difference to the impact of birth sex structure. From a regional comparative perspective, the strong preference for regions, capacity factor can be a greater impact on the gender imbalance; weak preference for regional capacity factor structure of gender had no significant effect. China has a significant social changes in the socio-economic characteristics of the stage, both the performance of each of these factors in the changes among the different factors that can change the performance of the speed, intensity differences; these factors lead to sex selection behavior changes and spread factors change, including the costs and benefits of different gender differences in children, people's preference for boys and ethical behavior regarding sex selection legal norms, as well as sex selection techniques to obtain the ability, thereby affecting changes in sex ratio at birth. Analysis shows China's gender imbalance evolutionary mechanisms.

Based on the findings, the dissertation put forward public policy recommendations aimed to promote gender equality, sub regional and phased effective governance of gender imbalance in China.

前　言

　　20 世纪 80 年代以来，中国的出生人口性别结构开始偏离正常轨道，这种情形随着时间加剧、空间扩散，形成了中国特有的性别失衡时空演变模式。迄今为止，中国是世界上性别失衡问题历时最长、爆发区域最大、峰值最高的国家。最早出现性别失衡现象的韩国，出生人口性别比在偏高 25 年后就已经开始下降，并逐渐趋于平衡。中国的出生人口性别比偏高现象至今持续 30 余年，并引发人口性别结构的严重失衡。中国的性别失衡问题在空间上存在差异，包括东西部的差异，长江流域、黄河流域不同文化区域的差异，以及城乡差异和不同生育政策地区的差异。除了个别省份外，中国各省份均存在不同程度的女孩死亡水平偏高问题：以少数民族为主的省份、东北的一些省份以及特大城市并不存在该问题；中国东南部和长江流域、黄河流域则存在较为严重的女孩死亡问题；其余的一些省份介于这两者之间。中国各省份的出生人口性别比存在巨大的差异，但各省份的出生人口性别比随着时间的推移均有升高的趋势。

　　面对持续攀升的出生人口性别比问题，2003 年起国家人口计生委以县区为治理单元，依托"关爱女孩行动"逐步在全国开展出生人口性别比专项治理，部分县区已经形成各具特色的治理模式并取得了较好的治理效果。然而，持续攀升的出生人口性别比也显示，相当多地区的治理是失效的。中国非均衡的经济发展模式，导致了不同经济社会发展水平的地区呈现不同的治理环境，并提升了性别失衡成因的复杂度，加剧了治理的难度。

Guilmoto 的研究显示，20 世纪末亚洲部分具有男孩偏好的国家和地区在人口转变过程中存在出生人口性别比转变的情况，即出生人口性别比呈现"先攀升，后高位徘徊，最后下降至平衡"的三阶段特征。但上述研究都没有详细阐述中国人口转变过程中的出生人口性别比转变的特点，尤其是时空差异可能导致的性别比转变分类型。1980年至今，中国的出生人口性别比逐年攀升，至今仍在高位徘徊，其未来发展态势仍成为学界关注的焦点。中国出生人口性别比拐点真的来临了吗？

在中国，导致人口性别结构失衡的原因是复杂的，在不同的时间和地区有不同的表现。表面上看，中国出生人口性别比失衡是严格限制生育孩子数量后，部分育龄人群为生男孩而进行性别选择的结果；本质上，它是社会保障制度缺位和父系家族制度下形成的男孩偏好与歧视女性导致的女性生存与发展权受损的集中体现，经济利益分配、政治参与、就业和教育等领域的性别不平等导致的女性地位低下，才是出生人口性别比偏高的根本原因。根据这一理论，经济发展水平、城市化进程、社会保障制度建立、社会结构变迁，都会通过促进性别平等进而引导出生人口性别比恢复正常。

Monica Das Gupta 认为，韩国性别失衡的转变是社会发展和宏观环境变迁的结果。李银河认为男孩偏好是中国农民接近于信仰的一种文化现象，其变迁必然滞后于物质文化变迁，这就意味着当期的男孩偏好不仅受到当期性别平等程度的影响，还受到前期性别平等程度的影响，那么偏高的出生人口性别比很难因环境的改变而恢复正常。我国出生人口性别比的水平究竟是由什么因素决定的？其演变遵循的是什么规律？未来能否恢复自然水平？本书将对此展开讨论。

本书主要关注中国的出生人口性别失衡问题及其内在的原因。

第一章为绪论，主要阐述本书的研究背景、概念界定、研究目标、研究框架与思路、数据和方法、章节安排以及主要创新点。

第二章为文献综述。总结和回顾已有的研究，分析已有研究中的不足和研究空间，确定后续研究的方向和策略。首先，回顾国内外关于性别失衡演变态势的研究，指出目前该领域研究的不足，提出本研究的方向。其次，系统阐释性别失衡原因机制的已有研究及不足，作为本研究的理论基础，并在此基础上提出将时间和空间视角与RWA理论结合研究性别失衡原因机制的必要性。再次，回顾RWA理论的提出、应用和不足，分析将其引入性别失衡研究领域的可行性。最后，将社会变迁及现代化理论与性别失衡机制研究相结合，以社会领域分类为框架回顾已有研究中社会变迁影响性别失衡的观点和发现，为构建我国性别失衡演变机制的理论框架奠定基础。

第三章为性别失衡演变机制的分析框架。在评述现有研究、明确本书研究空间的基础上，结合中国独特的社会、历史和文化背景及性别失衡的现状，选择注重动态分析的效益－意愿－能力（RWA）理论，将其与中国生育率迅速下降的现实背景和时空差异的特有视角结合，构建中国性别失衡演变机制研究的分析框架，该框架在内容上包括性别失衡演变、空间视角下的演变机制和时间视角下的演变机制三部分。

第四章为时空视角下的性别失衡演变。根据分析框架，分析中国性别失衡（出生人口性别比偏高现象）的发生、发展过程，总结得出中国性别失衡演变过程及其区域类型。结合中国性别失衡发生时生育水平急剧下降的人口背景，分析和描述性别失衡与生育率的互动关系，发现性别失衡的演变过程。不同区域的性别失衡发生、发展过程并不相同，在同一框架的指导下，分析不同区域的性别失衡演变及其与生育水平的互动过程，发现中国性别失衡演变中的区域类型。

第五章和第六章分别为时间和空间视角下的性别失衡演变机制。基于性别失衡演变机制的研究框架，分别在时间和空间的视角下分析30多年以来中国性别失衡演变的机制。其一为空间视角下的演变机制研究，该部分研究包含了全国性的性别失衡演变机制分析及空间差异对比分析。其二为时间视角下的性别失衡演变机制研究，这部分研究包含全时期的性别失衡演变机制及分阶段的对比分析。中国的性别失衡在宏观上是人口、社会、经济和制度环境影响的结果，在微观上是生育主体在个人生活环境的影响下做出生育选择的结果。对性别失衡的影响机制进行分析，应该在微观个人决策的理论框架指导下，分析宏观社会环境中人口、家庭、经济、社会和文化对出生人口性别结构的影响，各区域各阶段的社会变迁怎样影响性别失衡的演变。

总体上，本书旨在研究中国性别失衡的演变机制，既包含对其演变过程的分析和总结，又需要从更完整和系统的时空视角将性别失衡的演变过程与其背后的影响机制有机结合，详尽而有序地阐述中国过去30多年各领域的社会变迁如何影响性别失衡、性别失衡在怎样的社会背景下发生了怎样的演变。

本书始于我2006～2013年在西安交通大学人口与发展研究所读研究生期间的研究发现和博士论文。我博士毕业后就职于山东财经大学，在国家社科基金青年项目"我国出生人口性别失衡的空间扩散和治理对策研究"和山东省高校人文社科项目"时空视角下的性别失衡演变机制研究——以山东省为例"的支持下完成书稿。

西安交通大学人口与发展研究所（以下简称"研究所"）一直致力于中国社会转型中弱势群体的保护与发展、性别失衡与公共治理等领域的社会问题研究。长期以来，研究所在福特基金会、联合国人口基金会、国家社会科学基金等机构的资助下，对中国性别失衡的现状、原因、后果以及公共治理等进行了长期而深入的研究，获取了多地的微观调查数据和若干期的全国性宏观统计数据，取得了一系列相关研究成果。

研究所所长、我的导师李树茁教授是中国最早关注出生人口性别失衡问题的学者之一。自 1990 年代开始，李树茁教授与他的合作者朱楚珠教授首先注意到中国的出生人口性别比偏高现象，那时国内许多人认为该现象是由漏报造成的。李树茁教授和朱楚珠教授不这么认为，他们在安徽巢湖的调查中发现了该现象背后的男孩偏好文化和女性失踪问题，开始探索如何从公共政策层面解决该问题，最终推动形成了全国范围内的"关爱女孩行动"。李树茁教授也因此被评为"关爱女孩行动十大新闻人物"，其对中国性别失衡的关注和推进行动被 *Science* 杂志报道。2006 年之后，李树茁教授发现中国的出生人口性别失衡问题呈现与生育水平下降相似的演变过程，并开始关注出生人口性别失衡的演变问题。

书稿的酝酿还得益于我 2012 年在加拿大跟随吴正教授的访问和学习，以及西安交通大学刘慧君教授、陕西师范大学李卫东副教授和华中科技大学果臻副教授为书稿撰写提供的无私支持。山东财经大学公共管理学院的多位老师为我最终完成书稿提供了支持和帮助，在此表示由衷的感谢！

闫绍华

目　录

Contents

第一章　绪论

第一节　研究背景

一　人口转变中的性别失衡问题

亚洲国家和地区普遍存在性别失衡现象（Guilmoto C. Z.，2009）。性别失衡问题包括出生人口性别比偏高和女孩死亡水平偏高两个方面。亚洲国家和地区（主要是东亚和南亚）普遍存在性别失衡问题，韩国、中国台湾地区、中国香港地区和新加坡（Larsen U.，et al.，1998；Guilmoto C. Z.，2009），都经历了出生人口性别失衡逐步加剧到慢慢缓解的过程，目前这些地区的出生人口性别比仍然略高于正常水平；巴基斯坦和孟加拉国则存在较为严重的女孩死亡问题；同样位于南亚的印度的性别失衡问题正从女孩死亡水平偏高快速转向高出生人口性别比（Clark S.，2000）。在存在男孩偏好的亚洲各个国家和地区，性别失衡特别是出生人口性别比偏高成为普遍存在的问题。无论是已经实现了人口数量转型的国家和地区，如韩国、中国台湾，还是尚未实现人口数量转型的国家和地区，如印度和巴基斯坦，均存在较为严重的性别失衡问题，只是在前一类国家和地区中主要表现为非医学需要的性别选择性人口终止妊娠，后一类国家和地区则同时存在出生前的性别选择和出生后的性别选择问题。

不过性别失衡问题在亚洲的分布具有区域特征，不同的国家和地区之间以及其内部的性别失衡严重程度均存在区域差异，其中亚洲以东亚、南亚和高加索地区最为严重。而各个国家和地区内部的性别失衡也存在较大的地区差异，印度作为性别失衡十分严重的国家，其克拉拉邦等少数邦却从未出现过性别失衡问题（Clark S.，2000）；韩国的性别失衡问题则存在十分明显的城乡差异（Larsen U.，et al.，1998），城市的出生人口性别比偏高问题远远严重于农村。我国的性别失衡问题既存在东西部的差异，长江流域、黄河流域不同文化区域的差异，也存在城乡差异和不同生育政策地区的差异（马瀛通等，2003；侯建明，2007；李树苗，2016）。性别失衡问题的出现、加剧甚至消退具有阶段性。诸多存在男孩偏好文化的国家和地区最初出现性别失衡的时间并不一致，韩国早在1970年出生人口性别比已经在110左右徘徊，而中国到1980年代达到这一水平，高加索地区的阿塞拜疆则比中国晚10年左右；同时韩国1995年前后出生人口性别比开始下降，并逐渐趋于平衡，中国在2000年出生人口性别比攀升到120左右，至2005年之后慢慢呈现遏制趋势（李树苗等，2011），阿塞拜疆的性别比则自2005年之后停止攀升，在115以上的位置徘徊。

随着经济发展，社会领域内对女性的歧视往往会减弱；但生育中的性别偏好作为一种文化制度因素，其变迁过程是十分缓慢的（李银河，2003；威廉·奥格本，1989）。前文叙述的亚洲国家和地区中，韩国、中国台湾均已完成工业化和第一次现代化过程，却同样存在针对女孩的歧视，且主要表现为出生前的女性生存权丧失；而印度和巴基斯坦还处在工业化和现代化的过程中，也都存在性别失衡问题，巴基斯坦主要表现为幼女死亡率偏高，印度除此之外还表现为出生人口的性别失衡。这说明，尽管经济发展水平的提高可以在经济领域中提高女性的地位及其获取资源的能力，却难以缓解和改变文化和制度中的男孩偏好和女孩歧视。

二 中国的性别失衡问题及治理

迄今为止，中国是世界上性别失衡问题历时最长、爆发区域最大、峰值最高的国家，该问题对我国乃至全世界带来的后果的严重性可能会超过其他任何国家。我国的出生人口性别比偏高现象历时长。最早出现性别失衡现象的韩国，出生人口性别比在开始偏高 25 年后就已经开始下降，并逐渐趋于平衡。中国的出生人口性别比偏高现象至今已经持续 30 余年，人口性别结构严重失衡（曾毅等，1993）。中国在 1980 年代出生人口性别比已经达到 110 左右，随后的 20 多年持续攀高，在 2000 年出生人口性别比达到 120 左右。2010 年"六普"公报的出生人口性别比是 118.06，我国出生人口性别比偏高的态势仍十分严峻。另外，2005 年全国 1% 人口抽样调查显示，我国女婴死亡率是男婴的 1.5 倍，远超出正常水平。

中国的性别失衡问题在空间上存在差异，包括东西部的差异，长江流域、黄河流域不同文化区域的差异，以及城乡差异和不同生育政策地区的差异（汤兆云，2006）。除了个别省份外，中国各省份均存在不同程度的女孩死亡水平偏高问题：以少数民族为主的省份如西藏、云南、新疆等，东北的一些省份如黑龙江，以及特大城市如上海等，并不存在该问题；中国东南部和长江流域、黄河流域则存在较为严重的女孩死亡水平偏高问题，如江苏、浙江、安徽、山东、陕西、山西、河南等；其余的一些省份介于这两者之间。中国各省份的出生人口性别比存在巨大的差异，但各省份的出生人口性别比随着时间的推移均有升高的趋势。与此同时，随着社会经济发展，在城镇化和工业化过程中，大量农村剩余劳动力流入城市，特别是女性人口通过工作和婚姻的方式离开农村，导致偏远落后的农村地区出现严重的男性婚姻挤压现象，使得全国性的性别失衡问题在少数区域集中和加剧，这可能导致严重的社会后果（张海峰、白永平，2008；杨博、李树茁，2018）。

长期来看，中国人口的性别失衡将对人口规模、人口老龄化、劳动适龄人口和婚姻市场等人口问题产生影响（靳小怡等，2010；李树茁、孟阳，2017）。出生人口性别比偏高和女孩死亡率偏高带来的性别失衡、婚姻挤压和人口安全等一系列社会问题引起了国际社会的广泛关注。性别失衡问题本质上是性别平等和人权问题，同时又是发展问题，已对人类社会的可持续发展带来巨大挑战（李树茁等，2006）。中国人口数量众多，由性别失衡引起的社会风险的治理很难从他国借鉴经验，更无法通过人口迁移的方式转移到其他国家。Hudson 将中国等亚洲国家的男性过剩与国际安全联系在一起，认为大量男性无法成婚将令犯罪率增加、公共健康风险加剧，给国际安全带来威胁（Hudson V. M.，2004），并从人口学领域出发在国际社会掀起中国"威胁"论。因此，性别失衡问题不但影响中国的可持续发展，还会损害中国的国际形象，以及来之不易的大国实力与国际影响力。

面对持续攀升的出生人口性别比问题，2003 年起国家人口计生委以县区为治理单元，依托"关爱女孩行动"逐步在全国开展出生人口性别比专项治理，旨在通过改善女孩生存与发展环境促进性别平等，使出生人口性别比逐渐正常化。2006 年后，全国所有县区均已展开以"关爱女孩行动"为载体的性别失衡治理工作，部分县区已经形成各具特色的治理模式并取得了较好的治理效果。然而，持续攀升的出生人口性别比也显示，相当多地区的治理是失效的。中国非均衡的经济发展模式，导致了不同经济社会发展水平的地区呈现不同的治理环境和性别失衡原因的复杂性，加剧了治理的难度。学界仍旧无法确定究竟怎样的治理方式可以解决中国的性别失衡问题，这需要继续对中国性别失衡问题进行更加深入的研究分析。

三　性别失衡演变

中国既不是唯一出现性别失衡的国家，也不是最早出现该问题的国家。研究表明，在较早出现出生人口性别失衡和婴幼儿死亡性别失衡的国家和地区中，韩国、新加坡和中国台湾地区的该问题呈现演变特征，即"先攀升，后高位徘徊，最后下降至平衡"，而印度还处在上升或高位徘徊阶段（Guilmoto C. Z.，2009）。这表明，出生人口性别失衡可能和生育率下降相似，存在演变规律，甚至可能成为人口转变的一部分，或者说，在存在性别偏好文化和性别失衡现象的国家和地区，人口转变将呈现出生育率下降和性别失衡现象同步交织的亚型（陈卫、李敏，2010；李树茁、闫绍华、李卫东，2011）。

在亚洲地区存在性别失衡问题的国家和地区中，韩国是首个出生人口性别比下降并接近平衡的国家（Chung W.，Gupta M. D.，2007）。韩国出生人口性别比偏高问题开始于 20 世纪 70 年代，到 1990 年其 SRB（Sex Ratio at Birth 的简写，即出生人口性别比）的峰值已经超过 115，此后性别失衡态势出现逆转，逐年下降，至 2000 年性别失衡的状况得到明显的改善，接近平衡状态。"到 2004 年只有庆南、庆北、蔚山等 6 个地区出生人口性别比略高于正常值，其他地区均已接近正常水平。"2004 年韩国出生人口性别比为 108.2，接近 102～107 的正常范围。

1980 年至今，中国的出生人口性别比逐年攀升，至今仍在高位徘徊，其未来发展态势仍成为学界关注的焦点。对此，学界相对保守的判断是，"出生人口性别比攀高趋势已经得到初步遏制"；有预测认为，"中国出生人口性别比拐点已经来临"。那么，中国出生人口性别比拐点真的来临了吗？

四 中国性别失衡的原因和机制

在中国，导致人口性别结构失衡的原因是复杂的，在不同的时间和地区有不同的表现。性别选择性流引产、溺弃女婴和对女孩的忽视是造成偏高的出生人口性别比和婴幼儿死亡率性别比的主要原因（张则方，2008）；而根植于传统文化的男孩偏好是根源性原因（李银河，2003）；现行经济体系和公共、人口政策的一些因素是条件性原因。部分群众为了达到生男孩的目的，在产前利用 B 超技术对胎儿性别进行鉴定，发现是女胎就采取手术终止妊娠，这是导致出生人口性别比持续升高的直接原因（龚国云，2001）。从表象上看，中国出生人口性别比失衡是严格限制生育孩子数量后，部分育龄人群为生男孩寻求性别选择的结果；本质上，它是社会保障制度缺位和父系家族制度下形成的男孩偏好与歧视女性导致女性生存与发展权受损的集中体现（原新、石海龙，2005）。男婚女嫁的婚姻形式，使得男性在财产继承、居住安排、家庭延续和赡养老人等方面一直居于主导地位，这强化了人们"传宗接代"甚至"不孝有三，无后为大""男尊女卑"的传统观念；而经济发展水平不高，社会保障制度的缺位和不完善，使得老年人主要依靠儿子在经济与生活上的照料。另外，一些经济与社会发展政策在制定与执行时缺乏性别平等的考虑，使得妇女在教育、土地分配、就业、退休、政治参与等领域与男性存在较大差距（宋健，2009；杨凡，2016），导致妇女总体上在政治、经济和社会领域的地位相对不高，这些强化了人们男孩偏好的观念。有研究分析指出，父权制体系是男孩偏好文化长期存在的根本原因；但更加深入的探讨认为，父权制体系仅仅是男女性别不平等的家庭制度表现，该制度的存在导致女性家庭地位低下，她们对家庭的价值和贡献被忽视，进而催生了男孩偏好文化。因此经济利益分配、政治参与、就业和教育等领域的性别不平等导致的女性地位低下，才是出生人口性别比偏高的根本原因。

Chung W. 和 Monica Das Gupta（2007）发现，韩国性别失衡的转变是社会发展和宏观环境变迁的结果。他们在研究中指出，父权制是韩国男孩偏好存在的根基。韩国自高丽王朝时代建立的新儒家的父权体制，使得政权更加稳固、家庭体系更稳定。该体系下，长子承担着不可推卸的传递香火的职责，女性的生育功能更加凸显（Park C. B.，Cho N-H，1995）。近代国家政策改革中韩国继续巩固父权制度，1950年后颁布家庭法支持长子继承、从夫居、子女归属男方等一系列父权制度的合法性（Park C. B.，1983）。该法律将生育、赡养等职责都推到女性身上，甚至还鼓励女性在家庭负担较轻时外出工作，这更加有效、快速地促进了国家经济发展。但事情不总是如政府所愿，女性职业化和教育程度提高，导致女性运动日渐发展，最终取得了显著成绩。例如1997年，韩国政府更改宪法，规定"禁止族内通婚"是违宪的，并废除了男性掌权的户主制。逐渐的工业化与城市化是改变男孩偏好的驱动力：工业化使得市场交换成为人们获得支持的主流方式，家族内的社会支持依赖越来越弱，削弱了家族权力对个人的影响力；城市化使得年轻夫妇自身的男孩偏好变弱，也增强了他们与家族势力相抗衡的能力，他们日渐能够承受"没有儿子的压力"。

但是，李银河（2003）认为，在中国与男孩偏好一脉相承的祖先崇拜是中国农民最接近于信仰的一种文化现象。然而男孩偏好作为一种精神文化现象，其变迁滞后于物质文化变迁，这就意味着当期的男孩偏好不仅受到当期性别平等程度的影响，还受到前期性别平等程度

的影响（郑晓云，1992；董志强、钟粤俊，2016），那么偏高的出生
人口性别比很难因为环境的改变而恢复正常。我国出生人口性别比的
水平究竟是由什么因素决定的？其演变遵循的是什么规律？未来能否
恢复自然水平？

第二节　概念界定

一　性别失衡

本研究中所指的性别失衡是指以出生人口性别比偏高为核心表现
的人口性别结构失衡。性别失衡的概念与出生人口性别比、婴幼儿人
口性别比、总人口性别比等人口统计指标相关。出生人口性别比是指
男性出生人口与女性出生人口的比值，或者说平均每 100 个女性出生
人口所对应的男性出生人口数量。已有研究表明，出生人口性别比是
一个符合大数定律的、稳定的人口统计指标，全球绝大部分国家自然
状态下的出生人口性别比为 103～107（刘爽，2009）。对英格兰和威
尔士的出生人口性别比研究（Shaw C.，1989）发现，当地出生人口
性别比在 1933 年至 1988 年均稳定在 106 左右，出生人口性别比并没
有随着季节和年份呈现规律性的波动，但在城乡之间有差异。日本虽
然同样深受儒家文化的影响却在生育领域并不存在男孩偏好，Mizuno
的研究发现，日本的出生人口性别比在 1970 年代至 1990 年代基本稳
定在 105～107（Mizuno R.，2000）。目前诸多存在男孩偏好的亚洲国
家正经历着出生人口性别失衡问题，未来将面临总人口性别结构失衡
的风险。

总人口性别比是指男性人口与女性人口的比值，或者说平均 100
个女性人口所对应的男性人口数量。由于正常情况下，男性在整个生

命周期中的死亡率高于女性，大多数国家的女性人口略多于男性，总人口性别比的正常值应该基本等于或低于100。一旦偏离这一正常值，则被认为是总人口性别结构失衡。除了出生人口性别比，死亡性别比和迁移性别比的异常，都会导致总人口性别比失衡。人口的年龄结构和婚配模式在一定程度上对性别失衡起着调节作用，当性别失衡的程度在一定范围以内，其可以自动平衡和缓冲性别失衡带来的人口和社会后果（陈友华、米勒，2002）。同时，大规模的人口特别是女性人口的迁移和流动将导致男性婚姻挤压现象高度集中在偏远落后的农村地区，使得城乡、区域间的性别失衡态势更加复杂和严重。

从人口学的角度看，出生人口性别比、死亡率性别差异、人口的年龄结构、婚配模式和迁移因素的性别差异都会引起性别失衡，其中出生人口性别比和死亡率性别差异将在绝对数量上对人口性别失衡产生直接影响。出生人口性别比或者死亡率性别比偏离正常水平，会使得某一性别人口的绝对数量出现过剩，导致性别失衡。正常情况下，婴儿（0岁）死亡率性别比为1.2～1.3，而幼儿（1～4岁）死亡率性别比为1.0～1.2。同时，人口的流动和迁移则会加剧地区间性别失衡的严重程度（刘爽，2009；陈友华、米勒，2002）。"六普"公报显示，我国总人口性别比是105.2，高于正常水平。但严重偏高的出生人口性别比是造成中国总人口性别结构失衡的主要原因。20世纪80年代以来，中国的出生人口性别比和女婴相对死亡水平持续偏高，引发人口性别结构的严重失衡。2005年，中国1%人口抽样调查显示，中国的出生人口性别比为120.5，女婴死亡率是男婴的1.5倍，远超出正常水平且为全球最高。中国20世纪女性缺失3559万人，占所考察队列人数的4.65%。

中国等亚洲国家目前正面临着严重的性别失衡问题。20世纪80年代以来，中国的出生人口性别比和女婴相对死亡水平持续偏高，引发人口性别结构的严重失衡。2010 年，中国人口普查数据显示，中国的出生人口性别比为 118.06，女婴死亡率是男婴的 1.5 倍，远超出正常水平。从长期来看，中国人口的性别失衡将对人口规模、人口老龄化、劳动适龄人口、婚姻市场等人口问题产生影响。出生人口性别比偏高和女孩死亡水平偏高带来的性别失衡、婚姻挤压和人口安全等一系列社会问题引起了国际社会的广泛关注（曾毅等，1993；李树茁、孟阳，2017）。性别失衡问题本质上是人权问题，同时又是发展问题，已对人类社会的可持续发展带来巨大挑战。

二 社会变迁

关于社会变迁的解释分为进化论、循环论、冲突论、均衡论等几种流派。进化论和循环论将社会变迁解释为单向成长、进化的过程（张海峰、白永平，2008），其往往被用于解释历史长河中社会形态的演变，无法解释特定社会形态下的社会现象演进。冲突论认为社会的常态是冲突和变迁，变迁是人类活动和利益冲突的结果，其侧重于解释社会形态、结构和关系的变迁起源，却难以解释"现代化"等文化观念和生活方式的演变。与此相反，均衡论用结构－功能理论解释社会变迁，隐含着以社会稳定为"常态"的保守论点，该理论侧重解释当社会系统面临外部冲击或内部变革时，通过动态变迁实现新均衡的过程。因此，结构－功能理论能够更好地深入地解释外部社会变迁与内部文化观念及其行为的演进机制，本研究将采用该理论分析性别失衡的演变机制。

根据结构－功能理论，社会是由"许多部分组成的均衡系统"，社会系统中的每部分、每类社会关系都有其特定功能，这些关系的制度安排就是政治社会经济制度体系，它们为社会体系的维持做着贡献（唐荣宁，2007）。系统内的各部分之间具有相互关联、相互影响的复合因果关系，因而某个子系统的改变会影响其他子系统，如经济制度的改革会导致人们生活方式乃至社会结构的变迁，制度变迁理论将其解释为强制性变迁会引发诱致性变迁（张丽萍，2010；宋健，2016）。在没有外部冲击和巨大张力时，社会变迁通常是缓慢的，因为文化渗透于人们的工作、家庭、宗教及其他活动之中，起到了"黏合剂"的作用，但当这些活动之间、活动与文化之间的联系不再那么紧密时，文化的经济基础瓦解、变迁的条件就产生了（李路路，2002）。社会变迁加速通常由系统外部冲击或内部变革张力引起，具有革命性特征的外部冲击往往带来巨大而迅速的社会变迁，最主要的两类外部冲击就是制度变革和技术革命。技术革命引发的社会变迁：通常重要技术发明会带来迅速的经济发展和产业转型，进而带动人口职业分布和社会阶层结构的转变，经过一段时间的积累，原有的制度会因无法适应新的社会结构而发生变革，工业革命引发全球范围的社会变迁就是一例。制度变革引发的社会变迁：战争、革命、社会动荡和政治危机等均会导致制度变革，适宜的制度变革能够为经济发展提供良好的制度和政策环境，保证长期的经济发展，进而带来社会结构转变，从而引发新一轮的制度变革。法国大革命引发的社会变迁就属于这一类。

　　社会变迁往往也是现代化的过程。一般而言，现代化指工业革命以来人类社会所发生的深刻变化，它包括从传统经济向现代经济、传统社会向现代社会、传统政治向现代政治、传统文明向现代文明转变的过程及其变化；它既发生在先锋国家的社会变迁里，也存在于后进国家追赶先进水平的过程中（黄洪琳、周丽苹，2004）。

　　如果说，现代化过程是不断变化的，那么，现代性是相对稳定的。学者们把处于现代化以前的传统农业社会的特点归纳为传统性，把已经完成现代化过程的国家的现代工业社会特点称为现代性。传统性和现代性是相对的，也是不对称的。不同学者对现代性的认识有一定差别，但现代性具有一些基本特征。现代性在不同领域有不同表现，如政治民主化、经济工业化、社会城市化、宗教世俗化、观念理性化、现代主义、普及初等教育等。现代化是政治、经济和文化相互作用的结果。

经典现代化理论有六大分支，它们是社会现代化理论、经济现代化理论、政治现代化理论、人的现代化理论、文化现代化理论和比较现代化理论。第一次现代化的主要特点是工业化、专业化、城市化、福利化、流动化、民主化、法治化、分化与整合、理性化、世俗化、信息传播和普及初等教育等。第二次现代化的主要特点是知识化、分散化、网络化、全球化、创新化、个性化、多样化、生态化、民主化、理性化、信息化和普及高等教育等。

三　人口转变与生育率下降

人口转变的概念源自 1909 年朗德里对欧洲人口变化过程的描述，随后人口转变的概念经过汤普森、诺特斯坦等人的发展，其内涵逐渐明确（陈卫、黄小燕，1999；Landry A.，Bunle H.，Depoid P.，et al.，1945；Kirk D.，1996；D. j. V. D. K，1987）。它是人口系统由"高出生率、高死亡率、低增长率"到"高出生率、低死亡率、高增长率"，再到"低出生率、低死亡率、低增长率"的转变过程。1950年代之后，人口转变的研究逐渐发展为一个理论体系，因为人们发现新发生人口变化的国家都表现出人口转变的一些共同特点，预示着人口增长存在规律。普林斯顿学派将人口转变模型大量应用和修改，形成了各国为什么和怎样经历人口转变的理论解释，而这些理论解释大多与现代化的理论有关（Casterline J. B.，2001）。

经典人口转变理论认为，人口转变需要经历两个变化过程。其一为技术进步带来的死亡率天然转变。工业化、城市化和现代化中的技术进步和社会经济发展导致人们生活水平、卫生医疗水平提高,死亡率迅速下降,人口期望寿命大大延长。其二为制度文化因素改变带来的出生率的变化。出生率的变化比死亡率的变化难得多、缓慢得多,因为制度文化的变化是缓慢而非天然的,需要社会变迁的契机。生育率只有在全面工业化和现代化带来一系列累计效应后才会出现下降,如期望寿命延长、商品经济发达、个人主义文化增长、消费愿望上升、家庭结构和功能改变等。欧洲一些国家的许多省份在城市化水平不很高、婴儿死亡率较高、工业人口比例较低的条件下就出现了出生率快速下降情况,而资料显示,这些经历了生育率下降的地区的一个共同特点是快速传播的世俗化(Secularization)(Casterline J. B.,2001)。世俗化是一种从传统观念和宗教教义摆脱出来得到自主的态度和一种对自身幸福的责任感。虽然难以确切知道为什么会产生这种态度,但工业化和经济发展几乎总是有世俗化伴随这一点是肯定的。然而世俗化可以独立于工业化发生,而它一旦发生,常常会通过社会网络迅速传播。

中国的人口转变过程开始于 1950 年代,当时战争刚刚结束,死亡率迅速下降,生育率开始上升,中国的人口经历了快速增长过程。1970 年代初中国生育率开始显著下降,且死亡率始终稳定在较低的水平,中国人口进入缓慢增长的阶段。直至 1990 年代,中国的生育率完全进入低水平阶段,标志着中国基本完成人口转变过程(陈卫,2008;于学军,2000;李建民,2000)。通过对比分析可以发现,中国的生育率下降过程比一般国家快得多,因此人口转变过程比一般国家要短。中国的生育水平在 1971 年之前均保持在 5.0 以上,甚至在1963 年曾经达到 7.46 的峰值。1972 年之后,由于计划生育的实施,中国的生育率从 4.98 持续下降到更替水平。由于生育率下降过程迅速而短暂,中国只用了约 25 年的时间就完成了人口转变过程,而西方大部分国家的人口转变过程经历了一个世纪甚至更长时间（于学军，2000）。因此，快速的生育率下降过程和人口转变过程是中国人口演变最为突出的特点。

第三节　研究目标

本研究的总目标为，发现时空视角下中国的性别失衡演变机制，为中国性别失衡提供战略指导。基于国内外与性别失衡相关或相似生育行为转变研究的理论基础，结合我国出生人口性别比偏高问题的现实与特点，构建性别失衡演变的分析框架，并应用框架分析中国的性别失衡演变。

第一，提出时空视角下中国性别失衡演变机制的研究框架。基于国内外关于性别失衡演变的态势、原因和机制研究，以及中国性别失衡的特殊文化、人口和社会变迁背景，提出宏微观相结合、人口与社会变迁相结合的性别失衡演变分析框架。该框架在内容上主要包括性别失衡演变的模式、影响因素和动态机制，在理论上应该从微观行为机理入手，分析和总结宏观人口社会现象，从宏观与微观、静态与动态、时间与空间多个维度系统分析中国性别失衡演变。

第二，总结中国的性别失衡演变过程和类型。研究中国性别失衡（出生人口性别比偏高现象）的发生、发展过程，提出性别偏好视角下的中国人口转变模式及区域类型。结合中国性别失衡发生时生育水平急剧下降的人口背景，分析和描述性别失衡与中国生育空间转变的互动关系，发现性别失衡的中国模式。不同区域的性别失衡发生、发展过程并不相同，在同一框架的指导下，分析不同区域的性别失衡与生育空间的关系，发现中国性别失衡模式中的区域类型。

第三，发现空间视角下的性别失衡演变机制。对中国各区域人口系统内性别失衡的宏观影响因素进行研究。中国的性别失衡在宏观上是人口、社会、经济和制度环境影响的结果，在微观上是生育主体在个人生活环境的影响下做出生育选择的结果。在性别失衡的影响因素分析中，应该在微观个人决策的理论框架指导下，分析宏观社会环境中人口、家庭、经济、社会和文化对出生人口性别结构的影响。

第四，发现时间视角下的性别失衡演变机制，分析 30 多年以来中国各领域各阶段的社会变迁怎样影响性别失衡的演变。中国特有的发展路径带来 30 多年的社会巨变，经济、政治、文化和人口环境始终都在互动变迁，性别失衡众多影响因素的互动变迁牵引性别失衡的演变。本研究主要结合中国社会变迁的背景，基于前文对性别失衡模式和影响因素的发现，系统性阐释 30 多年来的中国性别失衡演变机制。

第四节 研究框架与思路

根据本书的研究目标和已有的研究基础，本书提出中国性别失衡演变机制的研究框架，如图 1-1 所示，从该研究框架可以看出本书的思路如下。

首先，总结和回顾已有的研究，分析已有研究中的不足和研究空间，确定后续研究的方向和策略。第一，回顾国内外关于性别失衡演变态势的研究，指出目前该领域研究的不足，提出本研究的方向。第二，系统阐释性别失衡原因机制的已有研究及不足，作为本研究的理论基础，并在此基础上提出将时间和空间视角与 RWA 理论结合研究性别失衡原因机制的必要性。第三，回顾 RWA 理论的提出、应用和不足，分析将其引入性别失衡研究领域的可行性。第四，将社会变迁及现代化理论与性别失衡机制研究相结合，以社会领域分类为框架回顾已有研究中社会变迁影响性别失衡的观点和发现，为构建我国性别

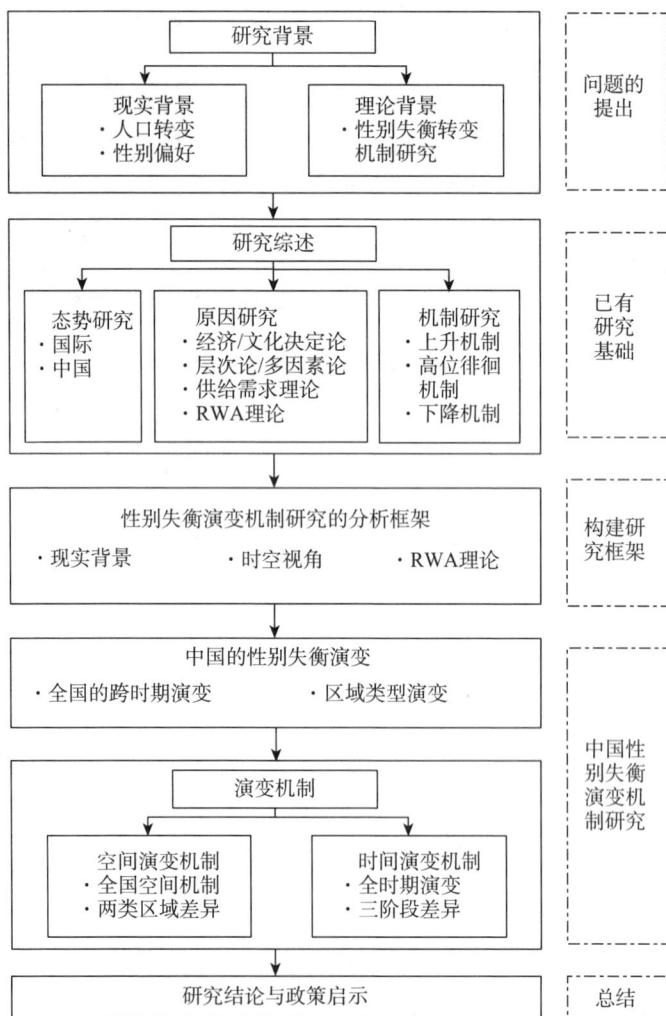

图 1 - 1　本书的研究框架

失衡演变机制的理论框架奠定基础。

其次，在评述现有研究、明确本书研究空间的基础上，结合中国独特的社会、历史和文化背景及性别失衡的现状，选择注重动态分析的效益 - 意愿 - 能力（RWA）理论，将其与中国生育率迅速下降的现实背景和时空差异的特有视角结合，构建中国性别失衡演变机制研究的分析框架，该框架在内容上主要包括性别失衡演变、空间视角下的演变机制和时间视角下的演变机制三部分。

再次，根据分析框架，分析中国性别失衡（出生人口性别比偏高现象）的发生、发展过程，总结得出中国性别失衡演变过程及其区域类型。结合中国性别失衡发生时生育水平急剧下降的人口背景，分析和描述性别失衡与生育率的互动关系，发现性别失衡的演变过程。不同区域的性别失衡发生、发展过程并不相同，在同一框架的指导下，分析不同区域的性别失衡演变及其与生育水平的互动过程，发现中国性别失衡演变中的区域类型。

最后，基于性别失衡演变机制的研究框架，分别在时间和空间的视角下分析30多年以来中国性别失衡演变的机制。其一为空间视角下的演变机制研究，该部分研究包含了全国性的性别失衡演变机制分析及空间差异对比分析。其二为时间视角下的性别失衡演变机制研究，这部分研究包含全时期的性别失衡演变机制及其分阶段的对比分析。中国的性别失衡在宏观上是人口、社会、经济和制度环境影响的结果，在微观上是生育主体在个人生活环境的影响下做出生育选择的结果。性别失衡的影响机制分析应该在微观个人决策的理论框架指导下，分析宏观社会环境中人口、家庭、经济、社会和文化对出生人口性别结构的影响，各区域各阶段的社会变迁怎样影响性别失衡的演变。

总体上，本书旨在研究中国性别失衡的演变机制，既包含其演变过程的分析和总结，又需要从更完整和系统的时空视角下将性别失衡的演变过程与其背后的影响机制有机结合，详尽而有序地阐述中国过去30多年各领域的社会变迁如何影响性别失衡、性别失衡在怎样的社会背景下发生了怎样的演变。

在研究思路方面，性别失衡的演变研究侧重宏观特征描述和纵向历史对比，实证分析则需要较大样本和准确定量的操作化数据，演变机制的定性研究则需要翔实而准确的宏观环境变迁及统计信息、扎实的理论分析和严密的逻辑推导，因此，本研究将采用不同的数据和不同的研究方法，分步骤验证中国性别失衡演变机制的分析框架。

（1）在性别失衡的演变分析与总结中，为适应宏观特征描述和纵向历史对比的需求，本研究将使用 1982～2010 年中国各省份的 7 次宏观普查数据，纵向分析出生人口性别比以及总和生育率的演变过程，通过生育空间转变各维度对比，总结出性别失衡演变的中国模式和区域类型。

（2）在性别失衡演变机制的实证研究中，为保障研究结果的科学性，本研究将采用大样本实证分析方法。研究数据采用中国 1990 年、2000 年和 2010 年 3 次普查的地市级数据，构建影响因素的验证模型，以统计学的方法进行实证。分区域的实证结果对比可以体现影响因素分析框架在不同区域的适用性，分时期的实证结果对比可以深刻影响因素分析框架在不同历史阶段的适用性。时空对比的影响因素差异分析将为下一步的性别失衡演变机制分析奠定实证基础。

（3）演变机制的定性分析需要翔实而准确的社会变迁和性别失衡演变过程信息、扎实的理论分析和严密的逻辑推导。在前文提出的框架指导下，本研究将构建由学术文献、统计数据和历史资料构成的中国现代社会变迁和性别失衡演变资料库，结合性别失衡影响因素分析的实证结果，回顾中国自改革开放以来的社会变迁过程、对性别失衡的关键影响以及与性别失衡的互动关系，阐释中国性别失衡演变的全过程。

第五节　数据和方法

一　数据来源

在中国性别失衡演变过程和区域特征研究中，数据来源包括以下内容。①1950～1982 年总和生育率数据来自 *Basic Data on Fertility in the Provinces in China*；1983～2000 年总和生育率数据来自 *Fertility Estimates for Provinces of China*；2001～2008 年总和生育率数据来自《中国人口统计年鉴》；2009 年总和生育率数据来自《中国统计年鉴 2010》。②1950～1959 年出生人口性别比数据来自《全国生育节育抽样调查分析数据卷（三）生育 节育》；1960～1979 年出生人口性别比数据来自顾宝昌、徐毅（1994）的研究；1980～1987 年出生人口性别比数据来自《中国人口统计年鉴》；1988 年出生人口性别比数据来自《全国生育节育抽样调查分析数据卷（三）生育 节育》；1989 年出生人口性别比数据来自《中国 1990 年人口普查资料》；1990～1999 年出生人口性别比数据来自《中国人口统计年鉴》；2000 年出生人口性别比数据来自《中国 2000 年人口普查资料》（长表）；2005 年出生人口性别比数据来自中国 2005 年 1% 人口抽样调查资料；2006～2009 年出生人口性别比数据来自《中华人民共和国国民经济和社会发展统计公报》。

区域类型分析涉及全国各省份 7 次普查数据，主要来源于 1973 年、1982 年、1987 年、1990 年、1995 年、2000 年、2005 年全国人口普查和 1% 人口抽样调查，其中出生人口性别比数据来自普查资料的长表，总和生育率根据普查资料计算得出。其中海南省成立于 1988 年，仅有 1990 年之后的人口普查数据。

性别失衡演变机制研究旨在阐释我国自出生人口性别比开始明显偏高以来的演变过程及内在机制，其时间跨越 1970 年代末和 2010 年，有超过 30 年的历史。由于实证部分使用的数据受到样本量的限制，仅能覆盖 1990 年、2000 年和 2010 年 3 个普查年份，即便是模式总结中使用的省级数据也只覆盖 1982～2010 年的 7 个普查年份，无法满足性别失衡演变机制研究的需求。因此，本研究主要基于全国范围的统计数据和文献资料，进行定量分析和理论阐释。

本研究数据共分为三期。第一期数据由 1990 年普查数据汇总而成。其原始数据为第四次普查 1% 村抽样数据，按照市级区域编码汇总而成。第二期数据由 2000 年普查数据汇总而成。其原始数据为第五次全国人口普查数据的抽样数据，采用简单随机抽样的方法抽取，抽样比为 0.95‰（样本人口 1180111 人，实际登记人口 1242612226 人），未考虑 1.81% 的漏登率。第三期数据由 2010 年普查数据汇总而成。其原始数据来源于第六次人口普查数据，其原始数据为 2010 年人口普查长表中抽取的 1% 样本库，即第三期数据由第六次人口普查全部数据的 1‰样本汇总而成。

此外，人均 GDP 数据来源于统计资料，其中 2010 年和 2000 年数据来源于《中国区域经济统计年鉴》，1990 年数据则根据各省份 1990～2000 年的经济增长率和人口增长率，由 2000 年数据回推生成，即假设 1990～2000 年各省份的所有市的人均 GDP 增长速度相同。政策生育率数据来自中国人民大学杨菊华教授的研究结果。

本研究采用了多元来源的数据，包括国家统计数据、国家人口普查数据和人口抽样调查数据等，不同的数据来源可能存在数据偏差及不一致等问题。但由于本研究关注区域的不同领域发展状况与人口性别失衡之间的关系，故在多重数据源可以一致反映区域在全国范围内所处的发展水平的前提下，其不会影响到本研究的结果和结论。

二 研究方法

本研究将公共管理学、社会学与统计学研究相结合，在时间和空间的视角下构建性别失衡演变机制的分析框架，以理论分析、二手文献和统计资料分析为前期基础，以统计分析方法验证假设。在演变过程的分析和总结中，通过 7 次普查数据对全国各省份的性别失衡演变过程进行跟踪分析，因此采用分析和归纳总结的研究方法；演变机制研究中，通过 3 次普查数据对全国各市的宏观环境和性别失衡演变进行跟踪，因此采用两层线性回归模型对性别失衡演变机制进行分析。

第六节 章节安排

本书主要关注中国的出生人口性别失衡问题及内在的原因机制。第一章为绪论，主要阐述本书的研究背景、概念界定、研究目标、研究框架与思路、数据和方法、章节安排以及主要创新点。

第二章为文献综述。总结和回顾已有的研究，分析已有研究中的不足和研究空间，确定后续研究的方向和策略。首先，回顾国内外关于性别失衡演变态势的研究，指出目前该领域研究的不足，提出本研究的方向。其次，系统阐释性别失衡原因机制的已有研究及不足，作为本研究的理论基础，并在此基础上提出将时间和空间视角与 RWA 理论结合研究性别失衡原因机制的必要性。再次，回顾 RWA 理论的提出、应用和不足，分析将其引入性别失衡研究领域的可行性。最后，将社会变迁及现代化理论与性别失衡机制研究相结合，以社会领域分类为框架，回顾已有研究中社会变迁影响性别失衡的观点和发现，为构建我国性别失衡演变机制的理论框架奠定基础。

第三章为性别失衡演变机制的分析框架。在评述现有研究、明确本书研究空间的基础上，结合中国独特的社会、历史和文化背景及性别失衡的现状，选择注重动态分析的效益－意愿－能力（RWA）理论，将其与中国生育率迅速下降的现实背景和时空差异的特有视角结合，构建中国性别失衡演变机制研究的分析框架，该框架在内容上主要包括性别失衡演变、空间视角下的演变机制和时间视角下的演变机制三部分。

第四章为时空视角下的性别失衡演变。根据分析框架，分析中国性别失衡（出生人口性别比偏高现象）的发生、发展过程，总结得出中国性别失衡演变过程及其区域类型。结合中国性别失衡发生时生育水平急剧下降的人口背景，分析和描述性别失衡与生育率的互动关系，发现性别失衡的演变过程。不同区域的性别失衡发生、发展过程并不相同，在同一框架的指导下，分析不同区域的性别失衡演变及与生育水平的互动过程，发现中国性别失衡演变中的区域类型。

第五章和第六章分别为时间和空间视角下的性别失衡演变机制。基于性别失衡演变机制的研究框架，分别在时间和空间的视角下分析30多年以来中国性别失衡演变的机制。其一为空间视角下的演变机制研究，该部分研究包含了全国性的性别失衡演变机制分析及空间差异对比分析。其二为时间视角下的性别失衡演变机制研究，这部分研究包含全时期的性别失衡演变机制及其分阶段的对比分析。中国的性别失衡在宏观上是人口、社会、经济和制度环境影响的结果，在微观上是生育主体在个人生活环境的影响下做出生育选择的结果。性别失衡的影响机制分析应该在微观个人决策的理论框架指导下，分析宏观社会环境中人口、家庭、经济、社会和文化对出生人口性别结构的影响，各区域各阶段的社会变迁怎样影响性别失衡的演变。

总体上，本书旨在研究中国性别失衡的演变机制，既包含对其演变过程的分析和总结，又需要从更完整和系统的时空视角下将性别失衡的演变过程与其背后的影响机制有机结合，详尽而有序地阐述中国过去30多年各领域的社会变迁如何影响性别失衡、性别失衡在怎样的社会背景下发生了怎样的演变。

第七节　主要创新点

第一，提出基于时空视角的性别失衡演变机制理论分析框架。基于国内外与性别失衡相关或相似的生育行为转变研究的理论基础，结合我国出生人口性别比偏高问题的现实与特点，构建性别失衡演变机制的分析框架。该框架将时间和空间的视角与 RWA 行为扩散理论相结合，既能够从微观上解释性别失衡的内在机制，也能够在宏观上展示性别失衡的演变过程及时空机制，二者结合能够很好地展示我国 30 多年来性别失衡演变机制的全过程。

第二，总结得出中国性别失衡演变的过程和区域类型。发现我国的性别失衡演变基本符合 Guilmoto 提出的性别比转变（Sex Ratio Transition）模式，中国性别失衡的演变模式呈现与生育水平互动的开始偏高、逐步升高和高位徘徊的阶段特征，并因为地区间男孩偏好强弱而存在不同的亚型。

第三，发现了空间视角下的中国性别失衡演变机制。在 RWA 理论的指导下，发现意愿要素、效益要素和能力要素的空间差异对我国的性别失衡均有影响，其中意愿要素在性别失衡演变中起着最为重要的作用，其次为效益要素。社会中男性和女性的经济地位差异能够较大幅度地影响出生人口性别结构。从区域对比看，在强偏好地区，能力要素对性别失衡的影响较大；在弱偏好地区，能力要素对性别结构没有显著影响。

第四，发现了时间视角下中国性别失衡的演变机制，发现除了环境因素的作用之外，性别失衡演变受到时间因素的扩散作用。中国的社会变迁具有显著的阶段性社会经济特征，这些因素变迁导致性别选择行为发生和扩散的要素发生变化，包括不同性别子女的成本收益差异、人们的男孩偏好和对性别选择行为的道德法律规范以及获取性别选择行为技术手段的能力等，进而影响到出生人口性别比偏高的变动。本书通过总结分析展示了中国性别失衡的时间演变机制。

第二章　文献综述

本章的主要目的是总结和回顾已有的研究，分析已有研究中的不足，在此基础上，分析其中的研究空间，确定后续研究的方向和策略。首先，本章回顾了国内外关于性别失衡演变态势的研究，指出目前该领域研究的不足，提出了本研究的方向。其次，系统阐释了性别失衡原因机制的已有研究及不足，作为本研究的理论基础，并在此基础上提出了引入 RWA 理论研究性别失衡原因机制的必要性。再次，回顾了 RWA 理论的提出、应用和不足，分析将其引入性别失衡研究领域的可行性。最后，将社会变迁及现代化理论与性别失衡机制研究结合，以社会领域划分为框架回顾已有研究中社会变迁影响性别失衡的观点和发现，为构建我国性别失衡演变机制的理论框架奠定基础。

第一节　性别失衡的演变态势研究

一　国外性别失衡演变的研究

1980 年代之前，国际上的相关研究主要关注出生人口性别比的长期变动趋势，这些出生人口性别结构变动并不意味着性别结构失衡。G. N. Pollard（1969）发现澳大利亚在 1902~1965 年出生人口性别比经历了从 104 至 106 的缓慢升高，后又缓慢下降至 105 左右的变动过程。T. J. Mathews 等人（2005）的研究发现，美国的出生人口性别比在 1940～2002 年经历了从 105.5 至 104.4 的阶梯式下降过程。

在亚洲人口转变的过程中，具有男孩偏好的国家和地区普遍出现了性别失衡的现象。根据 Guilmoto（2009）的研究，来自东亚的中国、韩国、中国台湾，来自东南亚的新加坡、越南，来自南亚的印度和巴基斯坦，以及来自西亚的亚美尼亚、阿塞拜疆和几内亚都出现了出生人口性别比偏高的现象。另一些研究发现，虽然存在性别失衡的大部分国家和地区如印度和中国等还处于上升或高位徘徊阶段，但部分国家与地区的出生人口性别比开始出现下降或已经下降至正常值。Woojin Chung 和 Monica Das Gupta（2007）通过对韩国的研究发现在韩国生育率下降的过程中，出现了性别比偏高的问题。他们还发现韩国在 20 世纪 80 年代生育率迅速下降到更替水平，出生人口性别比也开始偏高，在经历了大约 10 年的增长后，1990 年韩国出生人口性别比开始出现拐点，并开始迅速下降，并逐渐接近正常值。对新加坡出生人口性别比的研究也发现，新加坡在经历一段时间的出生人口性别比偏高后，在 2008 年出生人口性别比已经接近正常值。

Guilmoto 对亚洲的性别比转变进行了更为系统的研究。Guilmoto 的研究发现，20 世纪末亚洲部分具有男孩偏好的国家和地区在人口转变过程中，伴随着生育率快速下降，不仅出现了出生人口性别结构失衡现象，还存在出生人口性别比转变的过程，即性别比呈现"先攀升，后高位徘徊，最后下降至平衡"的三阶段特征。虽然存在性别失衡的大部分国家和地区如印度和中国等还处于上升或高位徘徊阶段，但韩国、新加坡和中国台湾等国家与地区已经完成了性别比转变或已经进入性别比转变的下降阶段。

基于性别失衡演变的研究可以发现，性别失衡普遍与人口生育率下降同步，且出生人口性别比的变动幅度与方向往往直接受到生育率水平变动幅度和方向的影响。即便在性别偏好文化相近的国家和地区之间，生育率的不同变动，也带来出生人口性别比的不同变动。讨论亚洲诸国的性别失衡演变需要在生育率下降的背景下进行。

二 中国的性别失衡演变态势研究

中国的出生人口性别比从 1980 年开始经历了持续的偏高过程，至今仍在高位徘徊。学术界对我国出生人口性别比未来发展态势一直持十分谨慎的态度，目前较为一致的判断是"出生人口性别比持续攀高的势头得到了遏制"。2010 年第六次人口普查数据表明，中国的出生人口性别比为 118.06，相比 2005 年小普查数据的 120.49 和 2009 年统计年鉴数据的 119.45 均有小幅下降。

当前，在低生育水平长期稳定的背景下，我国的人口数量已经得到了有效控制，与此同时，人口的结构性问题日益显现。人口性别结构作为人口结构性问题的重要内容之一，反映一个国家或地区中男女人口的比例关系，对社会经济发展和人民生活（特别是婚姻家庭）产生重大影响。长期以来，我国一直存在重男轻女的观念，1953 年第一次人口普查的总人口性别比就为 107.6，这表明旧中国的性别比本来就很高，新中国的人口性别比是从这个基础上变化过来的，此后历次普查都较高，基本为 105～107。2010 年第六次人口普查我国总人口性别比为 105.2，相对于正常水平（100）以及较发达国家（94.6）和欠发达国家（102）仍然偏高。

从当代中国人口性别失衡的演变和主要影响因素看，死亡率性别差异、人口年龄结构变动和出生人口性别比偏高这三个因素在不同时期分别构成影响人口性别结构的主要因素。当前，随着我国社会的进步和医疗卫生水平的提高，女性死亡率特别是女性婴幼儿死亡率不断下降，女孩的生存环境得到有效改善，人口死亡率的性别差异对我国人口性别结构的影响已经十分有限；人口年龄结构的加速老化对降低总人口性别比的作用开始显现；而30多年来持续偏高的出生人口性别比则是构成我国人口性别结构失衡的首要因素。在有男孩偏好的地区，出生人口性别比一般会高于正常值，主要是产前的性别选择性引产和产后的溺弃女婴所致，这使得人口性别结构在生命历程的起点就出现异常。在经济发展水平相对落后的地区，受性别不平等和医疗条件的影响，女性死亡率特别是女性婴幼儿和孕产妇死亡率往往较高，这使得性别结构失衡在生命历程中持续加重。而在生育水平较低、人口年龄结构老化的地区，总人口性别比则较低。

根据第六次人口普查的结果，2010年我国出生人口性别比为117.94，较2005年的120.22有所下降，这在一定程度上反映了我国政府综合治理出生人口性别比问题的成效，但形势仍十分严峻。当前，出生人口性别比偏高问题主要呈现五个方面的发展趋势和特征。一是出生人口性别比偏高的省份持续增加，偏高的区域已经遍及全国，其中重点（六个）省份对全国出生人口性别比偏高的影响超过50%。二是城镇地区出生人口性别比迅速升高，成为新的增长点，对全国出生人口性别比偏高的影响达到42%。三是出生人口性别比偏高由二胎及以上才进行性别选择向第一胎转移，目前第一胎出生人口性别比偏高对全国出生人口性别比偏高的影响接近1/3。四是出生人口性别比偏高的少数民族数量不断增多，偏高的幅度上升。五是母亲的个人属性对出生人口性别比具有明显的影响，母亲的生育年龄越大，出生人口性别比越高；母亲为农业户籍，出生人口性别比较非农业户籍高；母亲的受教育水平越低，出生人口性别比越高；母亲的就业偏农业化，出生人口性别比较非农业高；母亲的流动性越强，出生人口性别比越高。此外，人口普查数据中存在的瞒报和漏报现象也对中国性别失衡的严重程度产生了一定影响。

我国的出生人口性别比变动具有阶段特征。已有研究发现，与生育率下降呈现阶段特征相似，我国自1980年代起出现出生人口性别比偏高现象，此后的30余年呈现先缓慢上升，后快速攀升，又高位徘徊甚至稍有下降的阶段特征（胡耀岭，2010）。出生人口性别结构的时期特征与生育率变动的时期特征交互作用，构成了中国特有的"带有性别比转变"的人口转变模式（陈卫、李敏，2010；李树茁、闫绍华、李卫东，2012）。

中国空间范围巨大，地区之间在社会、经济、文化和技术发展水平上存在巨大的差异，这种区域差异性可能会导致性别比转型存在亚型。黄洪琳和周丽苹（2004）在研究浙江省出生人口性别演变时，回顾了浙江省1953~2000年的出生人口性别结构变动情况，发现其出生人口性别比经历了"偏高—下降—上升—下降"的历史轨迹。她们的研究同时发现，浙江省的出生人口性别结构演变与全国的出生人口性别结构演变并不同步，例如，在1990~2000年全国出生人口性别比总体攀升的情况下，浙江省的出生人口性别比却在显著下降。出生人口性别结构演变在浙江省内部也呈现明显的地区差异。胡峻岭和叶文振（2004）曾研究中国台湾地区出生婴儿性别结构的发展变化，发现我国台湾地区的出生人口性别比自1980年代中期开始呈现明显上升势头，直至1992年开始逐年下降，1999年之后却又恢复攀升态势。该研究发现与前一研究中浙江省1980年后的出生人口性别比演变过程基本相似。王钦池（2012）认为，由于出生人口性别比具有周期性波动的特征，因此某一个时点出生人口性别比的升高或者降低并不一定预示着趋势性的变化，而可能只是周期性波动的表现。

从空间视角看，我国的社会经济特征呈现空间关联性和梯度差（魏后凯，1997）。人口生育水平与性别结构也呈现相似的特征，性别结构失衡在我国的分布同时呈现区域差异和城乡差异，问题严重的地区集中在黄河流域、长江中下游流域和珠江三角洲地带，在上海等男孩偏好甚微的大城市，出生人口性别比要低一些。王菲、刘爽（2011）通过空间分析，识别出我国高出生人口性别比聚集的热点区域，并进一步对其分布、演变特点和成因进行了较深入的研究，试图找到热点区域分布及变化的规律性特点，并在此基础上，提出了"热点区治理"和"跨区域治理"相结合的政策思路。时涛、孙奎立（2014）基于"五普"和"六普"数据，对我国出生人口性别比的空间分布特征进行了总结概括，得出"我国出生人口性别比存在显著空间正相关，在地理上表现为空间集聚格局，且空间集聚倾向越来越明显"的结论。刘华等（2014）则指出，经济文化等因素对农村地区出生人口性别比的影响在地区间存在空间差异。

第二节　性别失衡的原因机制研究

一　经济决定论

经济决定论认为，经济发展和增长可以解决大部分社会问题和文化问题，出生人口性别结构问题也同样如此。他们认为当今存在的出生人口性别比偏高问题、男孩偏好问题和针对女孩的歧视问题，都会随着经济的发展而自然解决。具体分析，经济决定论包括经济水平决定论和经济生产方式决定论两种观点。

李全棉（2005）认为，出生人口性别比偏高的根源在于父母对儿子的经济需求，这种需求使得父与子的关系异化为一种经济关系。在农村，男孩对父母的这种经济价值就显得尤为重要。从经济生产方式来看，传统的农业生产主要依靠人力，这使得农业生产依赖男性劳动力，儿子具有劳动力经济价值，农村劳动力的性别结构需求引领了生育性别偏好（杨菊华，2012）。农村以小农生产方式为主的经营模式必然要求生育男孩，这也同时决定了"男主外、女主内"的性别分工格局。这种性别分工格局将女性限制在家务领域，又通过对家务劳动价值的低估弱化了女性价值。因此，生育中的性别偏好是劳动与职业领域的男性价值优势在生育领域的映射和体现。从经济发展水平来看，由于经济发展滞后，社会保障制度不完善，在父系家族制度下，父母生育儿子意味着未来养老有保障。总体上，大量的研究把最极端的性别间的不平等与农业文明和农业国家相联系，尤其是与农业社会由生产方式决定的对男劳动力的需要相联系，孩子成为父母的经济资源和养老保障资源。私人领域和公共领域的劳动价值没有得到同等对待，是女性处于从属地位并遭遇歧视的经济根源。

实证研究表明，男孩偏好与社会的经济发展水平和生产方式存在相关关系。周连福等通过比较人民公社化时期、家庭联产承包责任制时期和市场经济初期经济发展与生育意愿的关系，也得出了类似的结论："当人们的经济状况从低向高上升时，父母向往生育子女数呈下降的趋势。这种趋势与家庭收入的增加呈反相关关系。"但综合近20年的调查研究却发现，生育意愿并不完全随经济发展而同步变迁（瞿凌云，2012；王钦池，2012）。张苹构建了综合经济指标，包括经济均量、产业结构、居民生活水平等，发现经济落后是出生人口性别比居高不下的重要原因，其尤其对农村地区和山东西部经济落后地区起作用。解振明发现，江浙一带，女性的经济收入较高，有时甚至高于男性。甚至在农业劳动中，机械化和年轻人脱离农业生产也使得男性的劳动力价值不再突出（Shaw C.，1989）。1982年和1990年的普查数据显示，中国出生人口性别比与生育水平和社会经济发展之间呈现一种倒U形的关系。

但也有学者发现，男孩偏好与经济结构和经济水平并无关系。杜福发现，在经济较为落后的农业经济地区（单县），男孩的劳动经济效益是导致男孩偏好的重要原因之一。但在经济较为发达的商品经济地区（如文登，该地轻纺等较为发达），女性创造的经济价值并不低于男性，却同样存在较严重的男孩偏好，所以男孩偏好与经济效益无关。并且，同一区域内，不同收入水平的家庭组的性别偏好并无显著差异。

二 文化决定论

出生人口性别比偏高是"生育选择空间"狭小与"偏男生育意愿"过于强烈互相冲突和挤压的结果，对于出生人口性别比偏高现象，文化有最强的解释力，"歧视性性别偏高"的存在和强化是其根本原因。李银河（2003）也认为，在中国与男孩偏好一脉相承的祖先崇拜是中国农民最接近于信仰的一种文化现象。她指出，农民的生儿育女有时甚至不是为了自己生活得丰裕和舒适，而是为了村人的赞誉，即自己人生成就感的满足。家庭延续在中国人的心目中是如此重要，以至于不考虑生育行为的经济损益。李银河认为，贝克尔微观人口经济学是不适用于中国的村落生育行为分析的，因为生育几乎成为中国农民人生的目的，这自然超越了经济可以衡量的范畴。

但美国早期社会学家奥格本认为文化可分为物质文化、制度文化与观念文化，后者是前者的适应文化，适应文化往往是随物质文化变迁而变迁的，但物质文化的变迁往往要快于适应文化，这就是所谓的"文化滞后"（Cultural Lags）（威廉·费尔丁·奥格本，1989）。生育意愿是生育文化的直接体现和集中代表，生育意愿的变迁实际上也即生育文化的变迁。经济的发展固然改变了生育文化存在的物质基础，但作为一种观念文化的生育意愿它却有着自身的文化惰性，并不必然随着经济的发展而有同步的表现，而是在一定范围、一定时期内表现出一种相对滞后的特点。

三 供给需求论

作为经济学中的经典理论，供给需求理论可以借助微观层面的行为发生机理解释宏观层面的交易价格形成机制。因此该理论可以连接微观行为研究与宏观机制研究，人口学家最早引用该理论解释宏观范围内的生育行为转变（Kirk D., 1996），Monica（Chung W. & Gupta M. D., 2007）和 Guilmoto（2009）则将其引入性别失衡研究，认为性别失衡的严重程度受到"供给"和"需求"两大因素的作用。

Chung W. 和 Monica M. D.（2007）在研究韩国性别失衡恢复正常的研究中指出，男孩偏好的强度与出生人口性别比偏高的程度，不是同一个概念，更不可以相互测度。韩国曾经出现，男孩偏好在减弱的同时性别比却因为技术的扩散而攀高。在性别比演变的不同时期，主导其变化的因素并不相同。前期是由于性别偏好和生育水平降低而导致偏高，随后技术扩散引领其攀高，这个过程中社会发展造成的文化观念变迁因为作用缓和而没有在性别比变化上明显表现出来，最后才是观念的改变引领出生人口性别比逐渐回落。

杨菊华的研究结合了多层次论和供给需求理论，她从需求视角分析男孩偏好难以弱化的原因，认为社会对男孩的需求是多维度的，包含了生存需求、安全需求、社会需求和自我实现需求 4 个维度和层次。

四 层次论和多因素论

抛去研究范式的区别，已有研究认为导致出生人口性别比偏高的原因分为两个层次。从浅层次看，出生人口性别失衡的根本原因是男孩偏好，外在压力因素是生育率下降，条件性因素是 B 超等相关技术的扩散。然而男孩偏好文化是父权制体系长期运行的结果，而父权制体系仅仅是社会整体性别不平等在家庭领域的集中体现。从深层次看，社会各领域的性别不平等是出生人口性别失衡的根本原因，该原因在动态上是变化的，经济结构、城乡结构、制度保障和社会结构等要素变迁均牵动性别不平等的强度和分布。

Guilmoto 将出生人口性别比偏高的原因分为外生因素和内生因素两大类。影响出生人口性别结构最主要的因素为结构性的外生因素。社会经济因素对性别歧视产生了压力。外生因素包括社会经济各个领域的发展，例如全民教育水平提高，女性因为拥有教育资本和独立的经济来源而摆脱传统父权制度和从夫居制度束缚，对父母而言女儿就开始具有与儿子相同的养老功能，这会改变家庭的生育性别偏好；内生因素则指在家庭和人口系统内起作用的因素，最典型的是前期出生人口性别结构会对后期出生人口性别结构产生影响：累进的高出生人口性别比会造成总人口性别结构和婚龄人口性别结构失衡，带来婚姻市场的婚姻挤压、大量适婚男性不能成婚，那么即便是持传统婚育观念的人也需要在一个无法成婚的儿子和一个可以成婚的女儿之间重新选择。国外研究认为，男孩偏好的持续存在由家族制度造成的文化因素和外在经济因素决定（Guilmoto C. Z.，2012；Larsen U.，Chung W.，Gupta M. D.，1998）。文化因素通过家庭亲属体系和社会性别的构建起作用，经济因素通过代际支持和劳动力需求起作用，多层次理论与多因素理论可以解释出生人口性别比为何偏高，却无法解释出生人口性别比的变动。

瞿凌云通过统计模拟分析发现，导致出生人口性别比偏高的原因是文化和生育政策，即在意愿生育数量受到计划生育政策挤压的情况下，人们会通过违反自然规律的手段实现意愿生育性别，特别是在二胎及以上胎次的生育行为中。

胡耀岭（2010）的研究从空间视角下研究各因素对出生人口性别比的影响，发现社会经济文化因素通过影响生育决策和生育行为进而使出生人口性别比偏高，影响出生人口性别比升高的各因素存在空间相互作用，其空间自相关属于"高高－低低"类型；传统文化、公共政策、城镇化水平以及良好的社会法制环境将抑制出生人口性别比升高；经济发展水平、家庭收入、受教育程度和医疗发展水平将促使出生人口性别比升高；生育政策对出生人口性别比升高的影响不具有统计显著性。

第三节　RWA 理论模型及应用研究

一　提出

早在 1973 年，A. J. Coale 提出 RWA 理论，用以解释生育率下降过程中新生育行为在人群中的扩散（Arnold F.，Zhaoxiang L.，1986；Lesthaeghe R.，Vanderhoeft C.，2001），他认为效益（Readiness）、意愿（Willingness）、能力（Ability）是新行为产生和扩散的前提条件。效益（R）意味着新行为带来的收益超过成本；意愿（W）意味着法律和社会规范对此行为的接受度，及个人对法律和社会规范的遵从意愿；能力（A）是指具备足够的金钱、信息以使行为实现的新技术。Coale 认为这三个前提条件必须同时具备，如此新行为才会在人群中产生并扩散。莱斯赛格和范德霍夫特（R. Lesthaeghe & C. Vanderhoeft，2001）进一步丰富了该理论模型，在三个关键概念基础上他们进一步指出，新行为出现并在人群中扩散需要同时具备三类要素，而且扩散速度由三类要素在人群中最弱的要素决定，这解决了"新行为如何扩散"的动态过程问题。

RWA 模型的每个要素都有不同的内涵，但都取决于外部社会环境：能力要素考察人们是否具备实现某种行为的能力，往往由技术和经济水平决定；效益要素考察新的行为方式能否给个人带来更多的效用，主要由制度环境和经济形态决定；意愿要素则是指人们是否有实施该行为的意愿以及道德规范是否允许人们这样做，它往往是社会结构和社会文化影响的结果。

在该模型中，效益要素指向个体在行为过程中的成本－收益核算，意愿要素指向法律和社会规范对新行为的接受程度，这分别对应的是经济和道德因素。而之前的经济决定论认为经济考量决定人们的行为，文化决定论认为道德和价值判断决定人们的行为，该模型则把两个争执不下的论点恰当地融入同一理论模型，解决了这一纷争（Lipatov M.，Li S.，Feldman M. W.，2008）。

二 应用

生育率下降与亚洲近年来出生人口性别比的升高都是人群中个体微观生育行为转变的宏观体现，两种具有相似的产生和扩散机理，区别在于前者是性别选择，后者是数量选择。Guilmoto 在分析亚洲的出生人口性别比偏高现象时认为，技术变革代表具备了能力的前提条件，男孩偏好则是具备了意愿和效益前提条件，生育挤压强化了效益前提条件。在特定社会环境下，男孩偏好是对子女性别进行"成本－收益"分析后的理性选择。如果该社会环境恰恰对性别选择性流产持宽容态度，那么男孩偏好就转化为性别选择的行为动机。这种动机会在生育率下降时受到生育数量的挤压而进一步强化，这个时候 B 超等现代性别鉴定技术的产生、引入和扩散，为性别选择行为动机的实现提供能力要素，由此推动出生人口性别比的快速上升。

基于以上理论分析，Guilmoto 的研究指出亚洲各国性别失衡的时空差异正是由三个前提条件存在显著的时空差异造成的。同样存在男孩偏好的国家，有些因为较高的生育率暂时保障了男孩偏好的实现而出生人口性别比保持正常；有些先行发展的国家尽管实现了低生育水平和现代性别鉴定技术的高普及，却因男孩偏好的弱化而彻底解决了出生人口性别比偏高问题；有些却因为现代性别鉴定技术普及程度低，传统的性别鉴定和选择技术受制于准确性和安全性问题而对出生人口性别比的影响有限，出生人口性别比尚未偏高。因此，现代社会生育率的下降和技术的革新与普及，在男孩偏好弱化前会激发出生人口性别比的攀升并呈现扩散的现象，但随着男孩偏好的弱化，出生人口性别比问题将因最薄弱原理而彻底解决。对中国浙江三地的对比分析表明，RWA 理论应用于出生人口性别比偏高问题中，能够有效解释该出生人口性别比在不同地区开始偏高、不断上升和下降过程的时空差异。

关于性别失衡原因的内在机理，Coale 在 1973 年提出过 RWA 理论，2001 年 Lesthaeghe 和 Vanderhoeft 对该理论进行了扩展，2009 年 Guilmoto 将该理论应用于性别失衡原因解释。他认为，偏高的出生人口性别比是由对男孩的"需求"，采取行动的"必要"和付诸行动的"工具"导致的。关于高加索地区出生人口性别比偏高问题的研究也印证了这一模型：我们关于人们生育行为和意愿的分析就证明了对男孩的需求或愿望、家庭规模下降足以解释有"必要"行动，B 超技术和堕胎技术普及则意味着行动具有工具。

尽管苏联一直致力于性别平等立法，尤其是在教育和就业领域，男性统治在高加索地区似乎仍旧保持强大，并且女性在新的市场经济时代面临更加恶劣的就业环境。苏联解体后高加索地区存在地区间政治冲突，这加剧了男孩偏好，甚至被称为"父权复兴"（Ishkanian A., 2003）。尽管苏联时代出台许多法律保障性别平等，两性间的不平等却仍旧存在甚至扩大。其后高加索地区的女性就业变差，尤其是女性在政治等领域决策部门的参与率大幅下降（Marc MaLK，2010；UNDP，2009）。亚美尼亚的一项定性研究证实，人们存在男孩偏好一方面是出于维持家庭延续的需求，另一方面则是男性的阶层流动性更强，男性在社会中扮演更重要的角色。

在整个地中海地区，男孩偏好似乎根植于整个历史，并不受宗教的普遍影响（UNDP，2009）。尽管亚美尼亚和格鲁吉亚人信奉独有的基督教，阿塞拜疆信奉伊斯兰教，但他们同样存在男孩偏好（Inc SSCSaMI，2008）。欧洲国家只有在经历过现代化过程甚至后现代化过程之后，男孩偏好才完全消失。尽管如此，巴尔干地区和黑山地区最近也出现了偏高的出生人口性别比现象（2007～2008 年为 112），与之形成对比的是，土耳其男孩偏好不再是常态。

性别选择技术和堕胎技术是出生人口性别比偏高的最后一个前提条件。在苏联时代，堕胎技术是生育控制的必要手段，因此该技术在高加索地区较为普及、容易获取（Serbanescu F.，et al.，2007；NSS MoH，and ORC Macro，2006）。苏联解体后，市场经济转型使得国有医疗体系瓦解，取而代之的是私营诊所与公立医疗机构并存的医疗体系（Rechel B.，McKee M.，2009）。而 1970 年代起的技术进步使得 B 超技术鉴定胎儿性别成为可能，1980 年代高加索三国引入 B 超技术，并在 1990 年代将该技术在国内普及。私营诊所可以为人们提供有偿的 B 超胎儿性别鉴定和堕胎服务。因此高加索三国同时具备了这三个前提条件，导致出生人口性别比偏高。而其余地中海沿岸国家，比如伊朗，虽然同样具备男孩偏好却因为堕胎不合法而没有出现出生人口性别比偏高现象。

三 修正和延伸

联合国在针对性别失衡发生原因的研究报告（UNFPA，2012）

中对 RWA 理论进行了简单的修正，用于分析为什么性别歧视会发展到性别失衡（这意味着大量溺弃女婴或性别选择性的堕胎等违反人道的行为）严重的程度，为什么在亚洲尤其严重。该报告在讨论该问题时指出，性别失衡需要具备一系列的前提条件：其一为可能性（Possible），其二为价值性（Worthwhile），其三为必要性（Necessary）。

关于可能性（Possible），更多为技术和经济上的可实现性，也就是 RWA 中的能力要素（Ability）。在传统社会，民间有多种生育男孩的方法，如调整饮食、计算怀孕的时间等，但这些方法的可靠性不足。严重的社区会通过溺杀女婴实现理想的子女性别结构，但这种方法情感上的代价极大。于是性别歧视严重的地区会采用忽视甚至虐待女孩的方式表达他们的性别偏好，这种方式会提高女孩夭折的概率，但是并不能有效实现人们的男孩偏好。20 世纪 70 年代，亚洲许多地区曾经出现女童死亡率偏高的现象，这是因为拥有男孩偏好的人们找不到理想的技术手段，因此对女孩采取溺弃、虐待和忽视的方式。B 超技术的出现弥补了以上诸多方式的不足。1970 年代 B 超快速成像技术在全球兴起，1990 年在亚洲已经较为普及，2000 年后覆盖到亚洲的农村和偏远地区。借助 B 超技术人们可以在出生前准确地知道胎儿的性别，堕胎技术满足了人们进行性别选择的需求，并且不需要付出太高的道德情感代价和养育成本。但是堕胎技术在一些亚洲国家是非法的，如缅甸、巴基斯坦、孟加拉国和菲律宾等。因为以上国家中众多人口信仰基督教或佛教，宗教的教义往往不支持甚至禁止终止妊娠行为。但在更多国家，人们在道德上信奉实用主义，仍旧会采用现代技术实现男孩偏好。

关于第二个前提条件，价值性（Worthwhile），通常指人们确实存在对男孩的需要和偏好，亦即 RWA 理论中的效益要素（Readiness）。价值性是出现性别失衡现象的前提条件之一，日本及北美和拉美地区与亚洲一些地区具有同样的可能性和必要性条件，但并不具备价值性条件，所以并未发生性别失衡现象。然而在亚洲社会中，人们会将女孩看作"贫困"的象征，例如在印度，人们需要为女儿出嫁准备价值不菲的嫁妆，在中国女儿出嫁后将不再为父母提供支持。相反，在多代父系家庭户中，父母与儿子的家庭共同分享财富和资源，父母可以从儿子家庭中享受到稳定的经济状况、养育孙子女的快乐和其他支持。而女儿无法承担这样的职责，即使父母从女儿那里获取了支持他们也不乐于承认，仿佛那是不体面的。亚洲国家成年人的死亡率已经大幅下降，因此父母的期望寿命延长，但医疗和社会保障仍旧限制在很低的水平。世俗法通常认为孩子对父母有赡养的责任。儿子提供的长期资助成为不可或缺的资源，没有儿子的父母在社会中将处于脆弱的位置。父母不指望已婚的女儿和他们住在一起，因此与女儿的来往很少。与父母共同居住往往意味着可以继承遗产，女儿则往往被排除在遗产继承范围之外。排斥女儿的现象在农村土地继承中更加普遍，即使政府法律肯定了女性的土地继承权也无济于事。不过社会、经济和人口领域的快速变化会对以上差异产生影响。核心家庭、社会保障系统、劳动报酬制度和女性经济收入能力提高都强有力地侵蚀着父母对儿子的依赖。儿子在非经济价值上也有不可替代之处。在中国农村，儿子多能够壮大家族势力。在巴基斯坦和东亚，通过儿子延续家族姓氏和传统也是一种重要需求。许多国家男性的经济家族和他严格的宗教职责紧密结合。在印度教和佛教社会中，只有男性后代能够承担父母葬礼和祖先祭奠等仪式角色。

第三个前提条件是必要性（Necessary）。生育率下降是产前性别选择行为的直接前提条件。在高生育率的社会体制中，大部分大家庭都可以通过自然生育获得男孩。例如，5个孩子的家庭没有男孩的比例仅为3%。但家庭中孩子数目下降为3、2、1时，家庭没有男孩的概率将相应提高至11%、24%、49%。所以生育率下降通过降低人们自然获取男孩的概率强化了人们的产前性别选择行为的需求。如果人们不仅仅是想拥有儿子，而是想要更多的儿子，那生育率下降带来的影响会更严重。1970年代，现代避孕方式得到迅速普及，全球生育水平开始下降，家庭规模更加灵活。夫妻能够在子女夭亡或不满意性别时再次怀孕。亚洲人口系统是"满足性别结构即停止"的生育模式。女性没有与家庭抗争的能力，所以无法依据自己的意愿进行生育决策。人们对生育性别的需求，加之生育控制措施匮乏和女性地位较低，亚洲的生育水平长期维持在较高的水平。

四 操作化

理论中概念的操作化需要与具体的社会情境结合，不同时期、不同国家和区域，甚至不同的研究层次中，概念的变量操作化都会存在差异。RWA理论涉及三大要素，本节着重讨论其在已有的亚洲国家性别失衡研究中的操作化。

1. R要素的操作化

效益（R）意味着新行为带来的收益超过成本。已有研究用婚姻制度、社会保障水平、宗教伦理和社会阶层制度对R要素进行操作化。

第一，婚姻制度是对R要素操作化的重要考量内容。在南亚，由于婚姻中的嫁妆制度，原生家庭为儿子和女儿的婚姻付出的成本存在巨大差异，因此嫁妆的平均经济价值是解释印度性别失衡现象的效益要素变量之一。在东亚，父母与儿子婚后家庭共同分享财富和资源，父母可以从儿子家庭中享受到稳定的经济状况、养育孙子女的快乐和其他支持。而出嫁的女儿就是"泼出去的水"，无法再为父母提供任何经济支持和情感支持。中国的招赘婚姻则与传统婚姻模式恰恰相反，女儿婚后住在原生家庭中，与招赘来的丈夫一起为父母提供经济支持、情感支持等，因此中国农村地区招赘婚姻的普及程度可以成为效益要素变量之一。

第二，社会保障水平。由于城市社会不存在土地耕种权的继承问题，交通也更加便捷，城市家庭中的女儿出嫁后往往能够频繁地看望父母；并且城市中夫妻双方往往有各自的工作和收入，女性经济独立后有权利为父母提供经济支持和养老保障。所以城市化比例也可以成为区域性别失衡程度的效益要素变量。更为普遍的是，在绝大部分亚洲国家，儿子承担着对父母的赡养职责。儿子提供的长期资助成为不可或缺的资源，没有儿子的父母在社会中处于脆弱的位置。因此，社会保障水平尤其是养老保障和医疗保障的普及率和质量，均可以成为考察现代亚洲社会中性别失衡效益要素的重要变量。

第三，宗教伦理。儿子在非经济价值上也有不可替代之处。在中国农村，儿子多能够壮大家族势力。在巴基斯坦和东亚，通过儿子延续家族姓氏和传统也是一种重要需求。许多国家男性的经济家族和他严格的宗教职责紧密结合。在印度教和佛教社会中，只有男性后代能够承担父母葬礼和祖先祭奠等仪式角色。基于此，与父系制度和宗教制度相关的礼仪普及程度也可以作为效益要素的操作化变量。

第四，亚美尼亚的一项定性研究证实，人们存在男孩偏好一方面出于维持家庭延续的需求，另一方面则因为男性的阶层流动性更强，在社会中扮演更重要的角色。那么社会结构转型期中，社会阶层差异也将成为解释性别失衡的 R 变量之一。

2. W 要素的操作化

意愿（W）意味着法律和社会规范对此行为的接受度，及个人对法律和社会规范的遵从意愿。本研究关注性别失衡的演变机制，即出生前的性别选择行为的 RWA 扩散机理，那么该行为的意愿要素就包括愿意采取该行为、道德规范上认可该行为两部分。

亚洲地区一直存在较为严重的性别偏好。这与亚洲社会倾向于选择多代共同居住的大家庭和多子多福的传统观念有关。在中国农村，年轻夫妇往往受到父母一代人的影响而偏好男孩，甚至歧视女孩，进而产生进行产前性别选择行为的愿望。韩国的相关调查也表明，与父母共同居住的夫妻更容易偏好男孩。因此，东亚社会中不同模式的家庭比例可以作为意愿要素的操作化变量之一，三代以上家庭户比例越高，意味着性别选择的意愿要素越强烈，或者相反，年轻夫妇一起居住甚至未婚独居比例越高，性别选择的意愿要素越弱。性别偏好作为一种文化现象，直接受到性别平等文化的影响，社会中尊重女性的文化越普及，那么性别偏好文化越弱。在中国的不同区域，性别平等文化存在较为显著的差异，较高的女性地位往往表现为女性经济地位更高、更加独立、敢于应对世俗的挑战。所以，在普婚制的中国，区域内粗离婚率往往能够代表当地的女性地位。

道德规范对于产前性别选择行为的认可程度是另外一个意愿要素。虽然在部分亚洲国家堕胎是非法的或不受支持的，但在更多国家，人们在道德上信奉实用主义，仍旧会采用现代技术实现男孩偏好。由于亚洲地区有久远的性别歧视历史，社会中忽视女孩生存权益的问题始终存在，女婴甚至女胎的权益更加被忽视。在产前性别选择技术出现之前，性别歧视严重的地区会采用忽视甚至虐待女孩的方式表达他们的性别偏好，这种方式会提高女孩夭折的概率。偏好更加严重的社区还会通过溺杀女婴的方式实现理想的子女性别结构。20世纪70年代，亚洲许多地区曾经出现女童死亡率偏高的现象，因此，历史上的女童死亡率可以测量一个国家或地区对产前性别选择行为的默许程度。

3. A 要素的操作化

能力（A）是指具备足够的金钱、信息以获取行为实现的新技术。因此能力要素包括技术能力、经济能力等。

技术能力指社会中人们获取 B 超选择技术和堕胎技术的方便程度。亚洲国家自 20 世纪 60 年代后陆续推行控制生育数量的人口政策，堕胎技术作为生育控制的必要手段在政府的推动下迅速普及。我国台湾地区自 1950 年代开始倡导节育，1960 年代起实行"家庭计划"，中国大陆自 1970 年代起实行计划生育。苏联也将堕胎技术作为生育控制的必要手段，因此该技术在高加索地区较为普及、容易获取（Serbanescu F., et al., 2007；NSS MoH, and ORC Macro, 2006；Inc SSCSaMI, 2008）。因此，在亚洲绝大部分国家和地区堕胎技术对所有人来说都是方便可及的。B 超快速成像技术于 1970 年代在全球兴起，1980 年代开始在亚洲地区传播。至 1990 年 B 超技术在亚洲已经较为普及，此后 10 年该技术逐渐扩散到亚洲的农村和偏远地区。在 1990 年代末的亚洲，除了公立医院和大中型医疗机构外，小型私人诊所也可以为人们提供 B 超技术服务。所以时间变量可以很好地解释 B 超技术的可及性，此外，城市地区和乡村地区的技术可及性也存在差异，那么城市化水平也可以作为技术可及变量的操作化指标。

经济能力是指人们能够支付得起的产前性别选择行为所需的费用。其实 B 超技术普及后，由于设备价格低廉、简单易操作，操作人员并不需要经过系统训练，普通民众以低廉的价格即可获得该技术服务，绝大部分家庭都支付得起。堕胎技术作为控制生育的技术手段，亚洲大部分国家政府会给予补贴，甚至免费提供堕胎服务。因此，在亚洲性别失衡演变中，经济能力对其演变机制的影响是基本恒定和一致的，不存在区域和人群的差异。

第四节　性别失衡的动态演变机制

　　演变是指历时比较久的发展变化。本书关注中国的出生人口性别结构失衡的演变，即关注中国自实行计划生育的人口政策以来，出生人口性别结构从开始偏高到持续攀升、高位徘徊的发展过程。机制指机器的构造和工作原理。生物学和医学通过类比借用此词，指生物机体结构组成部分的相互关系，以及其间发生的各种变化过程的物理、化学性质和相互关系。现已广泛应用于自然现象和社会现象，指其内部组织和运行变化的规律。在任何一个系统中，机制都起着基础性的、根本的作用。机制是区别于模式和影响因素的。首先，模式通常是在观察事物外在表现和变化特征基础上总结得出的，是形式上的、外在表现的规律。而机制，是事物发展变化、持续运行的内在规律，当然，揭示内在规律必然是围绕外在规律的内因展开的，因此研究机制包含了研究模式。其次，研究影响因素是寻找对关注事物产生作用和影响的因素，并说明这些因素对关注事物产生作用的方向。而影响机制包含了影响因素，以及影响因素与结果变量、影响因素之间的互动关系。因此，性别失衡的演变机制是指，性别失衡演变的内在规律，在时间和空间的视角下，应该包括性别失衡呈现空间差异的内在规律和时间差异的内在规律。本研究中的性别失衡演变机制是基于时间和空间的视角，深入探索性别失衡演变的内在、本质性的规律，以及影响因素相互之间以及与出生人口性别比之间的互动机制。

　　关于演变机制，黄宏琳和周丽苹在研究浙江省出生人口性别比演变时提出，出生人口性别比的变动很可能与社会经济发展之间显现一种倒 U 形关系，即在社会经济发展初期，出生人口性别比伴随经济发展呈上升趋势，当经济发展到某一阶段时出生人口性别比偏高问题达到峰值，随后伴随社会经济发展出生人口性别比逐年下降，直至平衡。这是国内研究中最早的关于性别失衡演变机制的假设，但该观点停留在假设阶段，缺乏实证数据的验证。

一　上升阶段

Chung W. 和 Gupta M. D.（2007）认为，父权制度是韩国男孩偏好的根本性原因。她认为韩国自高丽王朝时代就建立了新儒家的父权体制，该体制不断巩固，祖先崇拜和父权制度日益强盛，完全抑制了韩国曾经存在的双边家庭体系。大的家族内，亲属之间利益攸关，一支没有了子嗣就会牵连其他各支。这种自上而下的奖罚体制塑造了民间的舆论与道德评价体系，舆论与道德观则长久地延续下来，持续巩固着父权制度和奖罚体系。在此体制下，女性被日益边缘化，女性成年后必须嫁到家族以外，被陷于孤立无援的境地，而男性则留在出生成长的家族和社区环境内，得到持续而稳固的社会支持。近代的国家政权巩固了韩国的父权制度，韩国自 1950 年后，颁布的家庭法从国家法律层面上支持了传统的户主制，确立了长子权、从夫居、子女归属男方的合法性。1960 年，韩国政府也一直在巩固父权制度，民主、自由、性别平等全被忽视了。由此，政府达到了一定的政治目标：①政权稳固；②"服从"文化下，企业以很低的报酬雇佣到忠诚而廉价的劳动力，投资回报率更高，实现了迅速工业化和经济腾飞；③家庭养老体制减轻了政府的财政负担，将生育、赡养等职责都推到女性身上。

虽然韩国存在强烈的男孩偏好问题，但有研究认为男孩偏好的强度与出生人口性别比偏高的程度不是同一个概念，更不可以相互测度。她发现，韩国的出生人口性别比上升并不是出现在男孩偏好最为强烈的时期，而是出现在男孩偏好减弱的时期。她发现前期是由于性别偏好和生育水平降低而导致偏高，随后则是技术扩散引领其攀高，这个过程中社会发展造成的文化观念变迁因为作用缓和而没有在性别比变化上明显表现出来（Chung W.，Gupta M. D.，2007）。

Guilmoto（2009）从时间的维度上，将影响 SRB 的因素分为"渐进性影响因素"和"革命式影响因素"两大类。第一类包括经济发展、社会生活方式改变、人们价值观念的改变等；第二类则包括计划生育政策的实施、B 超技术的引进（虽然也是扩散式发展的）、中国人民公社制度的废除和以家庭为核心的市场经济体制的建立等。Guilmoto 的观察发现，性别比首先是在那些职业地位较高、受过良好教育的人群中出现上升，随后才是在那些职业地位低、教育程度低的人群中出现上升。他认为在性别偏好的驱动下，来自社会经济地位高的人群首先可以接触到较为先进的 B 超技术和性别选择技术。他认为技术使得人们的性别偏好和性别歧视可以更为便捷的实现，从而推高了出生人口性别比。

二 高位徘徊阶段

Guilmoto 发现在一些地区，性别比上升到峰值后存在一个高位徘徊阶段。他在研究中指出出生人口性别比首先在社会上层人群中出现，随后在下层人群中出现并导致人口性别比峰值出现。其中生育率空间挤压、男孩偏好与性别鉴定和性别选择技术是出生人口性别比迅速上升和高位徘徊的关键因素。在这个阶段，通过公共治理的直接干预，性别选择服务供应得到了有效的遏制。韦艳等（2008）对韩国政府为了遏制出生人口性别比持续上升进行的治理措施进行了总结。一是完善立法。于 1978 年和 1994 年对医疗法进行修订，该法规定任何从事产前非医学需要性别鉴定的行医者将被吊销行业执照，并对这种

行为可以判处长达 3 年的监禁刑罚或交纳高额罚金。二是加强典型
案例宣传，韩国通过媒体大规模宣传运动，旨在改变人们对性别选
择堕胎的看法和态度，1990 年健康和社会事务部吊销了 8 个违法鉴
定胎儿性别的医生执照，这项行动也在媒体中广为宣传（施春景，
2004）。通过对性别比偏高的直接因素进行治理，韩国的出生人口
性别比攀升得到了较好的遏制。来自中国的数据也显示，在经历近
10 年的出生人口性别比治理后，中国出生人口性别比增长的态势得
到了遏制。

三　下降阶段

　　Monica 发现在 1990 年代中期，韩国的出生人口性别比开始下降。
她认为工业化使得市场交换成为人们获得支持的主流方式，家族内的
社会支持依赖越来越弱，削弱了家族权力对个人的影响力。较高的教
育水平、个人独立经济能力提高、退休金制度的盛行，削弱了儿子的
养老功能。城市化使得女性婚后可以与父母近距离居住，儿子也可以
去外地工作，进而提高了女性地位、拉近了女性婚后与父母的距离。
这一切不仅使得年轻夫妇自身的男孩偏好变弱，也增强了他们与家族
势力相抗衡的能力，他们日渐能够承受"没有儿子的压力"，从而最
终弱化了男孩偏好，降低了出生人口性别比。Guilmoto 认为有两大因
素会促进性别比回落，一是社会家庭结构类因素，女性的人力资本和
经济机会增加，使她们更加独立自主，这逐渐瓦解了剥削压迫女性的
家长制度（Guilmoto C. Z. ，Hoàng X. ，Van T. N. ，2009）。许多与家长
制相关的仪式、制度正在改变，如婚姻制度、遗产继承等。家庭体
制、女儿的养老功能、妇女在经济发展中的作用、晚婚或不婚者的比
例等都在改变，这些颠覆了将女性定位为妻子和母亲等生育者的角
色、将男性成员定位为赡养老人角色的父系家族制度。社会的变化不

仅从结构上改变了制度，更重要的是渐进地削弱了男性主导的社会规范。年轻人的观念改变、女性受教育程度提高，也令这一代人不再关心孩子的性别。二是性别失衡造成的婚姻挤压，使得人们重新考虑是选择一个女儿还是一个结不了婚的儿子，这成为阻挠 SRB 继续偏高的内生因素。刘慧君等（2011）研究浙江省出生人口性别比下降机制时发现，性别失衡并不天然地可以通过社会发展得以解决。发展是否能够自然使出生人口性别平衡，取决于发展能否瓦解传统的社会结构和性别偏好观念，如果发展不能带来这些改变，政府应该通过公共政策治理实现（王钦池，2012）。因此，出生人口性别比下降存在发展和治理两种有效路径。前者能通过对经济、社会环境的改善和传统制度文化的重塑，调节生育行为领域"成本－收益"的性别差异，弱化男孩偏好；后者则能在社会结构的调整和社会规范的改变中发挥重要的辅助、替代性作用。

杨菊华从需求视角出发探究弱化男孩偏好的机制，她认为人们对男孩的需求分为四个层次（杨菊华，2012），基于此构建以弱化男孩偏好为目标的公共政策体系可以有效促使出生人口性别比下降。例如，针对生存需求促进非农化和集体经济的发展，可以淡化人们对男性劳动力的需求；针对安全需求构建一系列保护女性及其家庭权益的社会保障体系，可以消除女性家庭对未来经济、养老等危机的顾虑。如此，四类公共政策体系可以构成性别结构平衡促进机制。

第五节　小结

综合本章对已有研究的回顾，得出国内外在性别失衡及演变机制领域的研究进展，如表 2 - 1 所示。

表 2 - 1　国内外性别失衡相关研究进展总结

性别失衡研究		国内	国外
态势	水平	√	√
	区域分布	√	√
	演变过程	○	√
失衡原因分析	一般原因	√	√
	RWA 理论应用	○	√
演变机制分析	一般研究	√	√
	RWA 理论分析	○	√
	RWA 实证分析	○	○

注：√表示有该主题研究，○表示缺少该主题研究。

首先，目前已有较多研究关注我国性别失衡现象，对出生人口性别比偏高水平、区域分布已经得出较为一致的结论，但对于出生人口性别比在国内和区域间的变动过程缺少分析和总结，有必要对我国性别失衡的演变过程进行分析总结，发现其规律和特征。

其次，国内研究中缺少 RWA 理论在中国性别失衡原因机制中的应用。我国作为性别失衡问题最为严重的国家，国内已有大量研究关注性别失衡的原因，总结出性别失衡的文化原因、经济原因和人口原因等。但是目前尚无研究应用系统的理论框架分析性别失衡的原因，这致使该领域的研究停留在表面讨论或单一原因讨论层面，无法全面展示性别失衡的系统社会机制。

再次，目前国内关于性别失衡原因的研究多集中在"为什么会失衡"或"如何不失衡"。然而性别失衡的变动与人口转变一样，有其内在的变动机制，国内缺少对性别失衡变动机制的讨论，如"为何持续攀升""为何高位徘徊""为何有小幅下降后又回升"等。

最后，国际上尚无应用 RWA 理论的实证研究。国外以 Guilmoto 为首的人口学家应用 RWA 理论就为何出现性别失衡现象进行了深入分析，部分研究涉及性别失衡演变的机制讨论，以上研究均取得了深刻而有说服力的成果，这充分表明 RWA 理论对性别失衡演变分析的适用性。但目前尚无研究对 RWA 理论在性别失衡演变领域进行系统的变量操作化，并使用统计数据进行实证研究，缺乏 RWA 理论的定量化分析是性别失衡演变机制研究的不足之处。

第三章　性别失衡演变机制的分析框架

　　性别失衡演变是一种宏观人口现象，是个人在生育领域的性别偏好及相应行为在宏观上的表现。已有的性别失衡原因机制研究分别基于宏观和微观两个视角，宏观研究侧重宏观社会环境与性别失衡问题之间的相关性研究，却难以说明其中的影响机制；微观研究能够很好地解释人们的生育意愿和性别选择行为的动机，却难以解释社会中普遍存在该微观意愿和动机的原因，难以在社会环境和性别失衡之间建立联系。本章将建立一个能够联系宏观数量关系和微观机制的分析框架。

　　本章在回顾已有性别失衡原因和演变机制分析框架局限性的基础上，阐述 RWA 理论和时空视角对我国性别失衡演变机制分析的适用性和必要性。随后对性别失衡演变分析进行理论阐述，指出性别失衡演变的分析方法和关键环节；基于演变分析的理论阐述，本章将论述 RWA 理论在性别失衡演变机制分析中的应用和操作化，分别展示在时间视角下的性别失衡演变机制分析框架和空间视角下的性别失衡演变机制分析框架。最后本章指出性别失衡演变机制分析的关键点和验证思路。

第一节 分析框架选择

一 已有分析框架的局限性

单因素分析对于解释性别失衡这一复杂问题存在天然缺陷。单因素决定论倾向于认为性别失衡的演变中某一因素始终起着决定作用，如经济决定论或文化决定论。按照"经济决定论"的逻辑，出生人口性别比偏高问题、男孩偏好问题和针对女孩的歧视问题会随着经济的发展而自然解决。但随着时间演进，研究者发现，人们偏爱男孩的经济原因减弱后，重男轻女的传统可能会变得更为突出（顾宝昌、罗伊，1996；刘慧君、李树茁，2011）。文化决定论认为对于出生人口性别比偏高现象，文化有最强的解释力，"歧视性性别偏高"的存在和强化是其根本原因。但该理论的最大缺陷在于无法解释文化是如何形成的，也无法说明文化在未来会不会发生改变。

单因素理论被抛弃后，研究者们非常自然地选择了多因素分析与多层次分析理论。国内较多研究认为导致出生人口性别比偏高的原因分为多个层次。研究认为，经济利益分配、政治参与、就业和教育等领域的性别不平等导致的女性地位低下，是出生人口性别比偏高的根本原因。父权制体系正是男女性别不平等的家庭制度表现，该制度的存在导致女性家庭地位低下，对家庭的价值和贡献被忽视，进而催生了男孩偏好文化。男孩偏好是导致出生人口性别比偏高的文化原因，而生育率下降是外在压力因素，B超技术等的普及则使得性别选择行为和出生人口性别比偏高具备了可行性。国外关于性别失衡原因的研究也存在多层次论观点，其认为男孩偏好持续存在是文化因素和经济因素共同作用的结果，或者将出生人口性别比偏高的原因分为外生因素和内生因素两大类。多层次理论与多因素理论可以解释出生人口性别比为何偏高，却无法解释出生人口性别比的水平差异。

显然，无论是单因素还是多因素或者多层次理论，其最大的问题在于无法解释多个因素如何互动以改变性别失衡水平。"需求－供给"理论从宏观层面解释性别失衡的形成机制和变动，该理论能够较好地将宏观环境与微观行为联系起来，认为性别失衡的程度受到"需求"和"供给"两大因素的作用。需求因素指人们对产前性别选择行为的需求，包括针对女孩的歧视及偏好男孩、希望控制生育数量并进行性别选择性生育等；供给要素则指为产前性别选择行为提供技术、信息和服务支持，包括各类医疗机构和个人提供的 B 超性别鉴定和堕胎服务等。"需求－供给"理论能够以简单的框架较为动态地分析性别失衡的发生机制。但它有两点不足：一是无法解释需求因素为什么会变化；二是在探讨性别失衡的演变机制时不能很好地体现动态视角。

二　RWA 理论的适用性

RWA 理论与供给需求理论十分相似，它们均试图用宏观要素的合力来解释微观行为的发生。但是赛格和范德霍夫特将 RWA 理论进行扩展后，该理论与供给需求理论产生了本质区别。根据上述两人的研究，新行为的出现和扩散符合短板原理，扩散速度取决于三个条件的最薄弱者。这意味着当三类要素的强弱此消彼长时，那个决定行为扩散速度的因素也会改变。这恰恰能够解释，为什么曾经有研究证实经济是性别失衡发生的决定因素，而随后又发现经济发展后社会文化因素又成为其决定因素。RWA 理论认为，当生育行为主体面临生育选择情境时，其自身与该行为相关的意愿要素、效益要素和能力要素决定生育行为主体是否进行性别选择行为。而意愿要素、效益要素与能力要素在某种程度上取决于生育主体所处的家庭、社会、经济和公共政策环境，当考察一个生育主体群的生育行为时，RWA 三要素就成为宏观社会环境对该生育行为产生外力的体现。

由于效益和意愿两个概念分别包含了对行为决策过程的微观经济的成本－收益核算，及对新行为模式的法律和社会规范可接受性的思考，经济和道德两个维度能够很好地解决经济、文化间的争论，因此该模型成为解释生育率转变的一个更为综合的模型。

三　引入时空视角的必要性

中国地域广阔，社会环境存在显著的时空差异。社会作为一个完整系统，经济文化与人口之间存在互动平衡关系，巨大的时空差异必然带来人口环境变迁的时空特征。

首先，中国在空间上一直存在显著的地区差异。①东西部在经济发展水平和阶段上存在显著差异。东部沿海地区经济发展水平较高，民营经济和服务业较为发达，西部内陆地区经济较为落后，经济结构以农牧业和相关副业为主，个别地区有国家部署的军工产业或能源产业（魏后凯，1997）。②南北方之间文化和社会形态不同。中国在文化上存在黄河流域文化、长江流域文化和珠江流域文化三大文明类型，不同的文化类型带来各地区不同的社会形态（张岱年等，1994；谭其骧，1986）。③中国还存在显著的城市和乡村的二元差异。城市和乡村在经济生产方式上存在工商业与农业的区别，维持社区秩序的方式不同；另外，中国特有的户籍制度决定了城市人口与乡村人口的经济收入来源、生活水平和方式等存在显著差异（李强，2003）。④中国还存在少数人口规模巨大的大城市，如北京、上海等，这些城市聚集了大量的经济社会资源，也吸引了大量外来人口（吴维平等，2002），形成与其他地区不同的社会形态。

其次，中国在 30 余年时间里社会经济环境发生了剧烈的变化。

自 1970 年代末中国政府推行改革开放以来，中国的经济持续快速增长，经济发展水平和经济结构都发生了巨大改变；随后农村人口大量流入城市，城市化进程加快，旧有的二元城乡结构发生改变；经济发展和城市化进程大大提高了人们的生活质量，全民教育水平提高，家庭结构和代际关系均发生改变，人们对家庭、工作和生育的认识都在悄悄变化。自 1970 年代末至今，中国的经济水平、社会结构、文化素养和社会发展水平都发生了巨大变化。

社会变迁往往是现代化的过程。一般而言，现代化指工业革命以来人类社会所发生的深刻变化，它包括从传统经济向现代经济、传统社会向现代社会、传统政治向现代政治、传统文明向现代文明转变的历程及其变化；它既发生在先锋国家的社会变迁里，也存在于后进国家追赶先进水平国家的过程中（刘爽，2009；Shaw C.，1989）。现代社会的特征表现在不同领域，如政治民主化、经济工业化、社会城市化、普及初等教育等。现代化是政治、经济和文化相互作用的结果。现代化理论认为，现代化过程是分多次进行的，目前全球已经发生了两次现代化过程（何传启等，2010）。第一次现代化的主要特点是工业化、专业化、城市化、福利化、流动化、民主化、法治化和普及初等教育等。第二次现代化的主要特点是知识化、网络化、全球化、创新化、多样化、生态化、民主化和普及高等教育等（Pollard G.，1969）。中国大部分地区过去 30 余年发生的社会变迁过程是第一次现代化的过程，先后经历了以工业化、城市化和以社会结构转变为突出特点的转变过程。由于中国存在显著的地区差异，先发展地区相比其他地区会更早地进入现代化进程，后发展地区则迟些进入现代化过程，由于后发优势后者可能实现现代化的进程更快，但也有部分落后地区由于信息和文化系统较为封闭而现代化进程迟缓。

如图 3 - 1 所示，时空视角成为进行社会变迁分析的重要视角，社会变迁过程存在显著的时空差异。尽管社会变迁中现代化和工业化的过程具有规律性和顺序性，但由于区域间存在发展的阶段差异，先发展区域的社会变迁步伐要快于后发展区域。因此时空视角下的社会变迁过程，会同时呈现时间上的发展阶段差异和空间上的发展阶段差异。

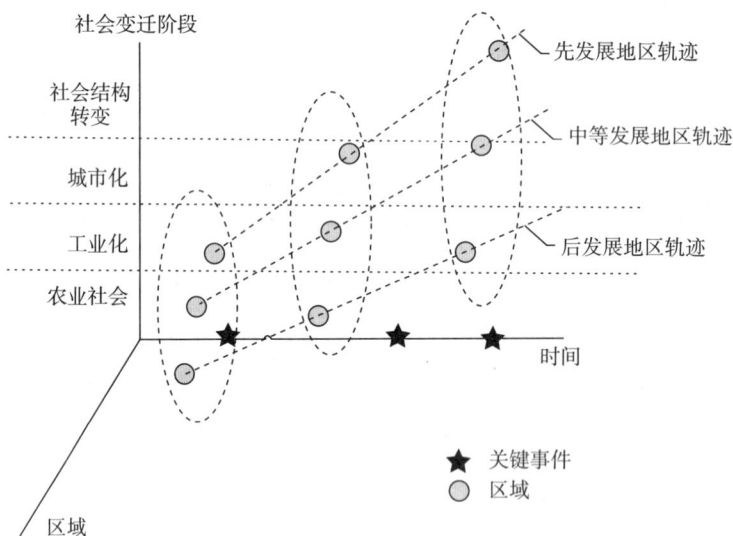

图 3 - 1　社会变迁中的时空差异

人口系统的变迁及性别失衡演变同样具备时空差异特征。在理论上，根据结构 - 功能理论，社会是由"许多部分组成的均衡系统"，社会系统中的每部分、每类社会关系都有其特定功能，这些关系的制度安排就是政治、社会、经济制度体系，它们为社会体系的维持做着贡献（Parsons T. E.，1951）。系统内的各部分之间具有相互关联、相互影响的复合因果关系，因而某个子系统的改变会影响其他子系统，如经济制度的改革会导致人们生活方式乃至社会结构的变迁等，制度变迁理论将其解释为强制性变迁会引发诱致性变迁（林毅夫，1994）。性别失衡作为一种人口现象，其演变实质上是社会变迁过程中人口子系统在外界系统发生变化导致其发生失衡到逐渐恢复平衡的过程。因此，中国的性别失衡演变是中国社会系统剧烈变迁中的一小部分，其演变遵循社会变迁的时空差异特征。

在现实中，根据已有文献和数据资料，时空视角是性别失衡演变分析的重要视角。我国的性别失衡问题呈现明显的时间扩散和转变特征、空间扩散和差异特征。我国 30 余年以来的社会形态也有着明显的时空差异。首先，性别失衡问题本身及其社会背景、原因机制均发生了巨大改变，因此性别失衡演变机制的分析框架须纳入时间的视角。其次，在巨大的地区差异背景下，性别失衡的原因和演变机制也会存在空间差异，因此，性别失衡演变机制的分析框架需要纳入空间视角。最后，时空视角对我国的社会变迁分析尤为重要。中国在过去 30 余年经历了剧烈的社会变迁过程，该过程即是性别失衡演变发生的宏观背景，其内部也存在不可忽视的时空差异。

第二节　性别失衡演变机制的分析框架构建

本研究将从时间和空间视角，首先分析性别失衡的演变过程和特征，以此为基础分别研究性别失衡演变的时间特征和空间特征。因此本研究中分析框架的构建包括性别失衡演变分析框架、时间演变机制分析框架和空间演变机制分析框架。

一　演变分析的理论阐述

我国的性别失衡演变是在快速人口转变和强烈男孩偏好的背景下发生、发展的。国际上对性别失衡的研究表明，以出生人口性别比偏高为表现特征的性别失衡的发生需要具备男孩偏好和生育率下降两个前提条件。这两大前提条件对我国的性别失衡演变分析非常重要。一方面，我国是儒家文化的发源地，长期的父系家族制度培养了强烈的男孩偏好和"多子多福"观念。另一方面，由于我国的人口转变是在计划生育政策推动下实现的，生育率下降过程相比其他亚洲国家更为迅速。快速的生育率下降和强烈的男孩偏好，造成了我国的性别失衡问题。因此，分析中国性别失衡演变，须同时分析其与生育率下降和男孩偏好文化的互动关系。

我国在社会经济环境领域的巨大时空差异决定了性别失衡演变的时空差异。正如前文对我国时空差异的分析所讲的，我国幅员辽阔，南北方之间、东西部之间和城乡之间存在巨大的社会经济差异，同时我国自1970年代末以来发生了巨大的社会变迁。胡耀岭（2010）的研究将我国自1960年以来的出生人口性别比变动分为四个阶段，1960~1980年为自然的窄幅震荡阶段，1980年代为缓慢上升阶段，1990年代为快速攀升阶段，2000年之后出生人口性别比的攀升速度放缓，甚至部分省份有下降趋势。从空间视角看，从性别比的地域分布来看，性别比具有一定的空间关联性和梯度差，性别比较高主要体现在两个地域带，其中河南、安徽、广东、江西、海南是最明显的高性别比地域带，其次是陕西、湖北、湖南、广西这一地域带。同时可以发现高性别比地域主要集中在中部省份，且相邻地域性别比较接近，这与相邻地区有着相似的社会风俗和相近的计生政策有关。而在男性偏好甚微的大城市，出生人口性别比要低一些，如上海市。在关注我国性别失衡空间特征的研究中也发现了相似的结论：性别失衡问题发生早期在空间上呈现从沿海向内陆扩散的特征，其分布在我国存在明显的空间差异，11个性别失衡严重的省份对全国出生人口性别比偏高问题的贡献率高达73.6%，同时性别失衡问题在我国呈现明显的城乡差异。

因此，对性别失衡演变分析应该在男孩偏好文化和生育率下降的背景下，从时间和空间两大视角进行。时间视角下的分析侧重性别失衡演变的阶段性和趋势性，如出生人口性别比从何时开始偏高，当时的生育率水平如何，攀升速度如何，是否停止增长，是否开始下降等。空间视角下侧重分析性别失衡演变在区域间的不同类型，如城市地区和乡村地区的演变差异，男孩偏好较强地区与男孩偏好较弱地区的差异，先失衡地区和后失衡地区的演变差异等。具体分析策略包括时间演变分析和空间差异分析两部分。

1. 时间演变分析

宏观人口现象均是微观生育意愿和生育行为的体现，出生人口性别比偏高问题的出现体现了社会中人们生育行为和生育意愿的变化。生育是一个包括数量、时间和性别的三维偏好现象，这三个维度构成了人们的生育意愿空间和实际生育空间。其中性别偏好比时间偏好和数量偏好更重要、更难以改变，在生育率下降过程中，人们的数量和时间偏好的转变会早于性别偏好转变。时间偏好和数量偏好的改变影响实际生育数量，进而挤压性别偏好。生育率持续下降时，不断缩小的生育空间与仍旧强烈的性别偏好发生冲突，导致性别比上升。因此，在性别偏好较为强烈的地区，出生人口性别比偏高会伴随着生育水平的下降而发生，并在低生育水平下发生演变。生育水平的下降，反映了生育数量偏好及生育时间偏好的转变，出生人口性别比的转变，其本质是生育性别偏好的转变。性别比会经历上升、高位徘徊和下降三个阶段的转变过程。

2. 空间差异分析

以省份为单位，对比分析强男孩偏好地区与弱男孩偏好地区的差异，城市地区与农村地区的差异，生育水平较高地区和较低地区的差异。其差异往往体现在，出生人口性别比开始偏高的位置（生育水平）、攀升的速度（相比生育率下降速度）、达到的峰值、是否有下降趋势等方面。

中国社会经济文化发展不平衡，地区差异大，因此中国的性别失衡演变存在空间差异。首先，空间上存在较大的经济发展、社会文化和生育政策差异，进而形成不同的生育模式、性别偏好强度，产生出生人口性别结构的空间差异。其次，生育政策执行和人口转变过程存在空间差异，导致出生人口性别比开始偏高的时间、达到的偏高水平不同。最后，时空区域内男孩偏好强度的差异可能会致使不同区域内性别失衡演变转变开始的位置、经历的时间跨度和偏高水平存在差异。

二　性别失衡的影响因素

导致性别失衡的原因非常复杂，它是多种因素共同作用的结果。既有人口过程的自然因素，也有社会、经济、文化和政治因素。出生人口性别比与这些因素相互影响、相互作用，在不同时间和不同地区有不同表现。国内外学术界对性别失衡的产生根源进行了大量的研究，学术界的争论也很大。我国出生人口性别比严重失衡的原因，当前学术界基本达成共识的观点主要有：性别选择性流引产、溺弃女婴和对女孩的忽视是造成出生人口性别比偏高的直接原因；根植于传统文化的男孩偏好是根源性原因；经济发展水平、社会公共政策和人口政策等是条件性原因（Li S., Zhu C., Feldman M. W., 2004）。

出生人口性别比异常的影响因素可以分为宏观和微观两个层面。从微观机理来看，出生人口性别比的上升或者下降实质上是人们通过生育行为实现生育意愿的一种外在体现。一定的社会经济文化以及家庭特征塑造着一定的生育意愿（李树茁等，2006）。作为生育主体和基本单位，家庭的生育决策直接影响该家庭人口的生产行为。而生育决策受到妇女的家庭地位、家庭经济活动类型、家庭消费模式等微观因素的直接影响（黄镜云，2006）。近些年，我国的出生人口性别比升高趋势发生了转变，进入了一个相对平稳的时期。出生人口性别比的下降实际上是微观层面人们性别选择行为的变化在宏观层面的体现。社会经济发展、文化进步的共同作用，会促使人们的性别选择行为发生改变（Lipatov M.，Li S.，Feldman M. W.，2008）。

目前关于性别偏好及出生人口性别比偏高的机制研究多集中在微观的行为、意愿和决策等问题上，其研究范式有五种：成本 - 效用研究、文化 - 实践研究、结构 - 行为研究、压力 - 从众研究、场域 - 惯习研究（沈洁，2007）。根据以上研究的范式，出生人口性别比偏高的宏观影响因素应该包括经济因素、文化因素、社会结构因素和人口因素等。

宏观分析的研究认为，导致出生人口性别比偏高的原因分为三个层次。第一个层次上，人们认为男孩偏好是导致出生人口性别比偏高的根本原因，而生育率下降是外在压力因素，B超技术等的普及则使得出生人口性别比偏高具备了可行性；第二个层次上，家庭和社区层面的父权制体系是男孩偏好文化长期存在的根本原因，该制度导致女性对家庭和社会的贡献被忽视，催生男孩偏好文化；第三个层次上，社会中各个领域的性别不平等均可以巩固父权制体系，导致女性地位低下，产生男孩偏好文化。因此，考察性别失衡的影响因素，就不可以忽略经济变革、城市化进程、社会保障制度发展、社会结构转变等宏观社会变迁。

生育率下降是首要原因，因为如果每个育龄女性平均生育的孩子总数从6个下降到2个的话，她没有儿子的概率会从1%提高到25%。因此，出生人口性别比偏高的最重要因素是男孩偏好与生育下降的结合。在地中海沿岸、中国和印度，男孩偏好几乎是所有传统社会流行的文化特征。这一偏好文化已经强到足以使地中海沿岸国家的女孩死亡率偏高，这一现象发生在西欧、阿尔及利亚和北非、中东众多国家。在21世纪的头十年，中国和印度的女婴死亡率仍旧高于男婴死亡率，许多数据同时显示其他发展中国家仍旧存在该类问题，甚至存在更严重的儿童死亡问题（Haub C.，Cornelius D.，2001）。

前文提到（见第一章第一节），男孩偏好作为精神文化制度，其变迁滞后于物质文化，从变量层面上考虑，男孩偏好文化强度不仅受到同时期社会变量的影响，也受到前期社会变量的影响。因此，出生人口性别比直接受到男孩偏好和技术、法律环境的影响，动态变化着。技术、法律环境等供给因素较为清晰、易观察，男孩偏好背后的影响因素却纷繁复杂，难以观察、度量，并且各因素牵引着"男孩偏好"，这一复杂概念的变动也令人困惑。

家庭功能和代际关系对性别失衡有影响。社会经济因素对性别歧视产生了压力。教育水平提高、女性就业率提高和城市化进程都有助于提高女性经济地位、社会地位和家庭地位，女性一方面有了独立经济收入，另一方面与男性有同等的机会婚后与父母近距离居住，女儿便同样具有养老功能和代际交换功能，女性获得父母的支持后在小家庭的地位也随之提高，她更加可以发展自己的事业进而具有社会阶层跃升的可能。这一切最终都指向女性地位提高，改变性别不平等现状和性别失衡走向。

Monica Das Gupta 认为，父权制是男孩偏好的根基，但她也承认只有父权制起到了调控经济资源的作用时，才会导致男孩偏好。家庭都立志于构成大家族，在家族内男性成员及其家属日常往来密切，相互提供支持。该体系下，长子承担着不可推卸的传递香火的职责，女性的生育功能更加凸显。

因此，在传统的家庭功能和代际关系下，儿子能够带来更多的养老保障、社会资本、劳动力等经济收益，这导致人们对男孩和女孩的成本收益分析产生差异。工业化使得市场交换成为人们获得支持的主流方式，家族内的社会支持依赖越来越弱，削弱了家族权力对个人的影响力。城市化进程、教育水平提高和退休金制度盛行削弱父母的男孩偏好、提高女性地位：父母退休后有经济保障，他们对子女的需求由以经济供养为主转变为以情感慰藉和家务支持为主，女儿在这方面很有优势；女性受教育程度提高，使得她们婚后在社会生活中不再依赖丈夫，具有独立的工作能力、生存能力以及为父母提供支持的能力；在城市中女儿可能与父母近距离居住，儿子也可能在外地工作，这使得女儿婚后与父母的关系同样可能变得密切；同时女性可能在婚后得到父母的支持，获得更高的家庭地位。性别角色一方面影响人们对儿女"成本－收益"的预期，另一方面因为改变了男女的社会角色而使得人们对"男孩""女孩"的偏好产生变化。经济收入水平的改变会导致出生人口性别比变化。经济因素的作用是通过以下方面实现的：养老支持、嫁妆、劳动力需求、贫困。经济收入水平提高，一方面可以减弱人们对子女经济价值的重视程度，另一方面可以使人们有充足的经济能力去实现个人意愿。

道德规范和法律的作用同样不可忽略。已有研究发现宗教（儒家、佛教、基督教）、女性已经拥有的子女比例与引产存在显著相关性。社会的变化不仅从结构上改变了制度，更重要的是渐进地削弱了男性主导的社会规范。年轻人的观念改变、女性受教育程度的提高也令这一代人不再关心孩子的性别。文化因素起作用通过以下机制实现：亲属体系和社会性别的构建、妇女和女儿的角色、生命周期中的权力转换、祖先的角色、家庭构成的不同规则。国家的政策、法律和行政导向，也同样可以起到引导人们塑造价值观念和遵守道德规范的作用。

另外，技术手段变迁如 B 超技术和堕胎技术的引进、扩散和可靠程度等，也会直接影响人们性别选择行为的能力，是影响出生人口性别比的重要宏观因素。生育率则通过影响人们正常生育可以获得男孩的概率，间接改变人们实现个人性别偏好的能力和手段，使得性别选择行为成为更为重要的实现男孩偏好意愿的方式。同时，基层实践表明，在传统观念的作用下，富人阶层出于产业继承的考虑更加需要男孩，社会底层则由于家庭基本安全保障的需求而更加倾向于生男孩，因此贫富分化程度和阶层结构也是导致人们对不同性别孩子的成本收益分析产生差异的宏观因素之一。

三　性别失衡演变机制的 RWA 分析

Coale 的 RWA 模型在历史视野下讨论生育行为"产生、扩散和消减"的动态过程及原因，旨在揭示微观个人行为及宏观社会现象的动态转变机制（Simonsson P.，Sandström G.，2011）。根据 RWA 模型，出生人口性别比偏高作为性别选择行为的宏观结果，其内在的原因同时包含效益（R）①、意愿（W）和能力（A）三个要素，并且行为的扩散速度 S = Min（R，W，A），即新行为的出现和扩散符合短板原理，扩散速度取决于三个条件的最薄弱者。因此，出生人口性别比的变动并非简单地受到某个因素或某几个因素的影响，而是与诸多因素的水平和相互关系有关。

如图 3－2 所示，RWA 模型的每个要素有着不同的内涵，但都取决于外部社会环境。本研究认为，就性别选择的行为扩散的 RWA 模型分析而言，其意愿因素还受到效益因素的影响，当生育男孩能够带来更大的效用时，男孩偏好文化会逐渐增强；当生育男孩不能带来更

---

① 英文原文中用"预备"（Readiness）表达这一概念，"the condition of readiness refers to the microeconomic cost-benefit calculus that actors utilize in decision processes"，即预备条件意味着该行为能够给个人降低成本或带来更多的收益，因此本书将此概念意译为"效益"。

大效用时，男孩偏好文化会逐渐变弱，这就解释了需求供给理论中的需求因素转变。

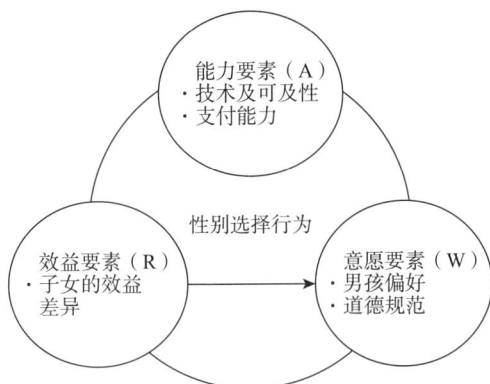

图 3 - 2　性别失衡的 **RWA** 影响因素分析框架

根据该理论框架，对性别失衡的影响因素提出理论假设。

1. 意愿要素（W）是影响出生人口性别结构失衡的重要因素

家庭模式越传统，出生人口性别结构失衡越严重；生育文化越传统，出生人口性别结构失衡越严重；婚姻观念越传统，出生人口性别结构失衡越严重；对女孩与男孩生命价值的区别对待越严重，出生人口性别结构失衡越严重。

2. 效益要素（R）是影响出生人口性别结构失衡的重要影响因素

城市化率、产业结构和就业公平，都是导致两性社会经济地位改变的重要因素，会影响区域内的出生人口性别结构，即城市化程度越高，出生人口性别结构越平衡；产业结构越现代化，即第三产业比重越高，出生人口性别结构越平衡；男性失业率越高，出生人口性别结构越平衡。

3. 能力要素（A）是影响出生人口性别结构失衡的重要因素

人们进行性别选择行为的经济能力越强，出生人口性别结构失衡越严重；人们进行性别选择行为的医疗技术能力越强，出生人口性别结构失衡越严重；人们对性别选择行为越了解，即获得的信息越多，出生人口性别结构失衡越严重。由于信息随时间在人群中扩散，该假设体现为时间变量对出生人口性别结构失衡的加剧作用；对性别结构失衡问题治理得越早，出生人口性别结构越平衡。

4. 效益要素（R）对意愿要素（W）有影响

城市化程度越高，家庭模式越现代化，三代以上家庭户比例越低；城市化程度越高，生育文化越现代化，政策外生育率越低；城市化程度越高，婚姻观念越现代化，女性初婚年龄越大，女性离婚率越高；城市化程度越高，对女孩与男孩生命价值的区别对待现象越少；产业结构越现代化，家庭模式越现代化，三代以上家庭户比例越低；产业结构越现代化，生育文化越现代化，政策外生育率越低；产业结构越现代化，婚姻观念越现代化，女性初婚年龄越大，女性离婚率越高；产业结构越现代化，对女孩与男孩生命价值的区别对待现象越少；男性失业率越高，婚姻观念越现代化，女性初婚年龄越大，女性离婚率越高；男性失业率越高，对女孩与男孩生命价值的区别对待现象越少。

5. 性别失衡的主要影响因素会随时空改变发生变化

性别失衡的主要影响因素会随时间发生演变，意愿要素（W）、效益要素（R）和能力要素（A）在不同时期交替发挥主导作用。性别失衡的主要影响因素会随空间发生演变，意愿要素（W）、效益要素（R）和能力要素（A）分别在不同类型的区域发挥主导作用。

四 时空视角下的 RWA 分析框架

将性别失衡演变的 RWA 框架纳入时间和空间视角，构建时空视角下的性别失衡演变机制分析框架。根据结构功能理论，RWA 三要素相互关联、共同作用于出生人口性别选择行为，构成了一个子系统。但该系统不是孤立的，而是与社会中其他子系统相互影响的。因此，要解释性别失衡的演变机制，还需要解释各环境因素变迁之间的作用机制以及是如何动态影响它的。本书将时空视角下的社会变迁过程与出生人口性别选择行为扩散过程的分析结合起来，构成了社会变迁与性别失衡演变机制模型（如图 3 - 3 所示）。

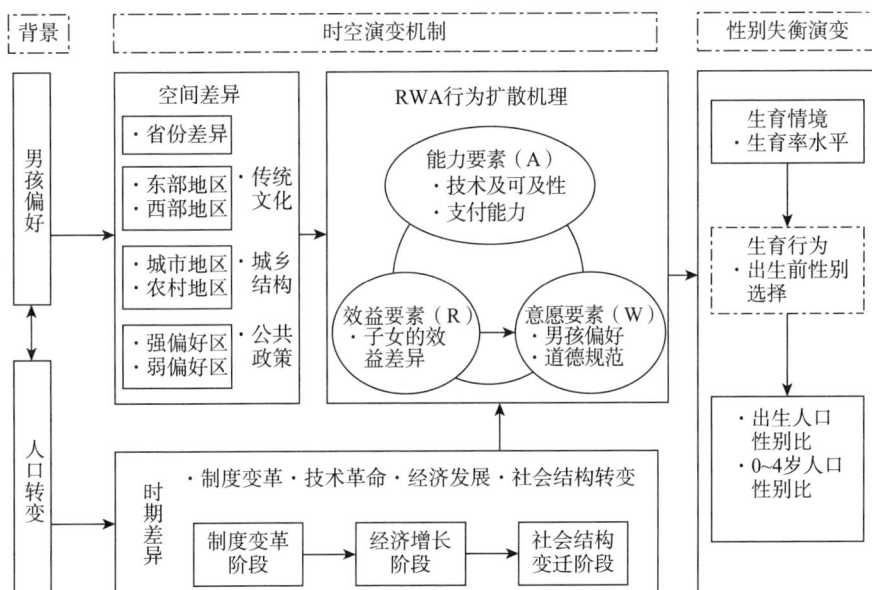

图 3 - 3　时空视角下性别失衡的 RWA 演变机制分析框架

首先，对于初始条件不同的社会，触发性别选择行为的变迁因素也不相同。由于性别选择行为发生必须同时具备 RWA 三个要素，影响各要素的社会变迁因素不同，那么：①对于具备意愿（W）和效益（R）要素的社会，技术进步和经济增长可以赋予人们性别选择能力，进而触发出生人口性别比偏高问题；②对于具备意愿（W）和能力（A）要素的社会，关乎利益分配方式的制度改革和经济结构转变会改变子女给父母带来的预期收益或成本，使人们将性别选择行为付诸实践；③对于具备效益（R）和能力（A）要素的社会，一方面长期的子女效益差异会发展成性别偏好和默许性别选择的社会规范，另一方面社会结构改变会导致意愿（W）要素产生；④不具备多个要素的社会，则需要经历更多环节的社会变迁，逐步具备三个要素后产生性别选择行为。

其次，在出生人口性别比偏高现象出现之后，主导出生人口性别比水平变化的社会变迁因素将会动态变化。根据 RWA 模型中隐含的短板理论：①当"能力"为短板时，科学技术的进步和扩散、经济增长成为影响出生人口性别比水平的主要因素，能够提高个人实现性别选择行为的经济能力，而加剧性别失衡；②当"效益"为短板时，制度体系、经济生产和社会关系的变迁成为主导因素，会通过改变男女的经济社会价值和地位差异影响性别失衡；③当"意愿"为短板时，社会关系变迁成为主导因素，通过意愿的转变影响性别失衡。

最后，社会变迁的路径不同，性别失衡演变的过程也不同。技术革命引发的社会变迁往往会遵循经济发展、社会结构转变继而发生制度变迁的路径；制度变革引发的社会变迁则遵循经济发展和技术进步、社会结构转变和更进一步制度变迁的路径。那么，由于不同环节的社会变迁对性别选择行为的要素需求不同，在制度变革引发的社会变迁路径中，出生人口性别选择行为的要素变迁可能遵循"效益—能力—意愿—效益—意愿"的往复过程；技术革命引发的社会变迁中，选择行为的要素则可能遵循"能力—效益—意愿—效益—意愿"的过程。

1. 时间视角下的性别失衡演变机制分析

社会变迁过程既有其规律性又有其偶然性，规律性体现为不同国家和地区的社会变迁过程有相似性，如大部分亚洲国家都遵循"制度改革—工业化—城市化—社会结构变迁"的发展过程，社会发展的规律决定了性别失衡演变也具有一定的规律性；偶然性则体现为某些影响性别变迁进程的关键事件发生不具有规律性，如中国实施的计划生育政策，是社会发展规律之外的重大事件，再如 B 超技术引进也是我国社会发展进程规律之外的事件，这些关键事件的发生会改变宏观社会环境对性别失衡的影响机制，甚至改变性别失衡演变的发展方向。因此，在时间视角下分析性别失衡的演变机制，包括关键事件对性别失衡演变的影响机制分析和性别失衡演变机制的时期对比两部分（如图 3 - 4 所示）。

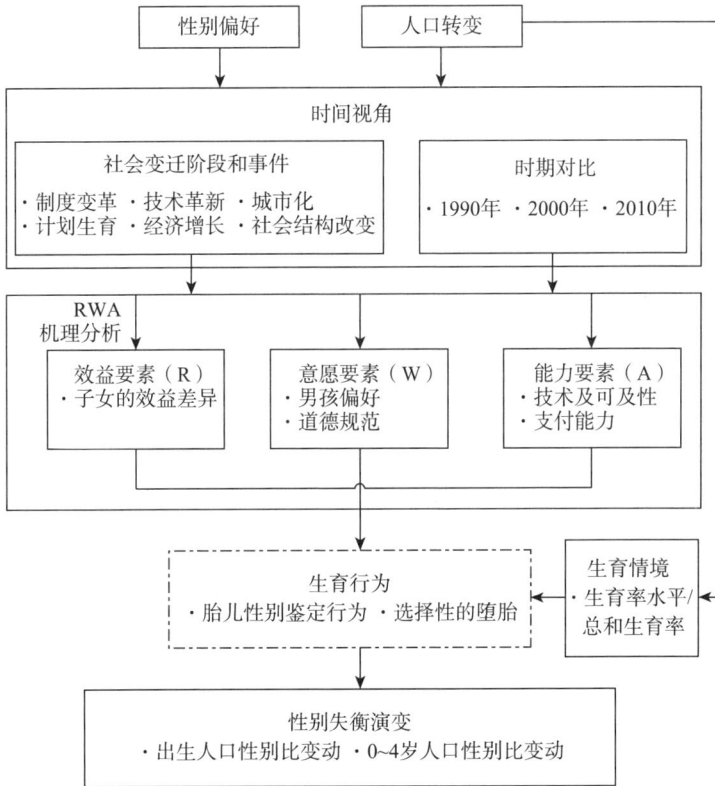

图 3 - 4　时间视角下的性别失衡演变机制分析框架

在性别偏好和人口转变的宏观背景下，社会变迁中的关键事件和重要转变都会导致性别失衡的 RWA 要素发生改变。中国的社会变迁过程中先后发生了改革开放、计划生育政策实施、技术引入、经济发展、工业化和城市化以及社会结构转变等诸多重要事件，这些均会改变性别失衡的 RWA 机制。其中，改革开放是典型的制度变革事件，它的实施直接改变了中国社会的经济生产制度和家庭功能，家庭中对儿子和女儿的成本收益预期产生差异，直接影响到性别失衡演变的效益要素。外来技术引进是典型的技术变革事件，改革开放后大量外来技术引入中国，其中 B 超技术普及使胎儿性别鉴定在技术上具有了可行性，改变了性别失衡演变机制的能力（A）要素。中国人传统上倾向于通过多生育子女实现男孩偏好，计划生育政策实施使得人们可生育的子女数量骤减，导致人们的生育意愿（W）发生改变。

社会变迁过程呈现显著的阶段性，不同阶段的社会环境有着显著差异，导致性别失衡的 RWA 机制在不同时期也有差异。我国自 1980 年代末以来的社会变迁基本可以分为制度改革阶段、经济增长阶段和社会结构改变阶段。在制度改革阶段结束时，社会各领域的制度陆续改变，如经济生产制度、土地所有制度、家庭分配制度等，成为当时社会的主要变迁特征，导致性别失衡的 RWA 机制受到制度改革的牵引而发生改变。在经济增长阶段结束时，全国的经济发展水平得到提高，经济结构也发生改变，人们的就业方式、收入来源、家庭的权利结构发生改变，导致性别失衡的 RWA 机制呈现新的特征。进入社会结构变迁阶段后，社会中人口、家庭呈现层次差异，不同阶层的家庭生育意愿、经济能力和生计策略都有很大差异，社会结构成为影响性别失衡演变的重要因素，性别失衡的 RWA 机制呈现复杂化的特征。

社会变迁下宏观环境与性别失衡的 RWA 机制共同作用，导致人们面临性别选择的生育情境时产生性别选择行为，最终在宏观上表现为性别失衡的演变。具体表现为出生人口性别比或 0 ~ 4 岁人口性别比的变动。

2. 空间视角下的性别失衡演变机制分析

在社会变迁当中我国的社会环境除了呈现阶段性特征，还呈现区域特征。这种空间差异源自两个方面。一方面，我国幅员辽阔，南北方、东西部在自然环境、气候地貌、资源储藏、人文历史积淀和地理位置上都有显著差异，由此带来生产方式、经济结构和社会结构的区别，导致不同地区之间呈现天然的文化差异。另一方面，中国各地方政府的公共行政行为对地方环境有着显著影响。地方政府的执政理念、执政能力和政治环境特征差异，直接影响性别失衡演变的公共行政行为存在地区差异，包括人口计划生育政策与执行、社会保障体系的构建与落实、性别失衡治理行动等。

因此，如图 3 - 5 所示，在空间视角下分析性别失衡演变，应从区域文化差异和公共行政差异两个维度进行对比分析。首先，性别偏好文化在中国内部存在显著的地域差异。高性别比主要集中在中部省份，且相邻地域性别比较接近，这与相邻地区有着相似的社会风俗有关。强男孩偏好地区由于始终存在较强的意愿要素，那么根据 RWA 理论的短板原理，效益要素或能力要素将成为影响性别失衡演变的关键因素。弱男孩偏好地区的意愿要素较弱，其性别失衡演变机制将呈现更加复杂的特征。假如意愿要素成为三类要素中最薄弱的要素，那么对意愿要素产生影响的环境因素将成为性别失衡演变中的核心动力因素；假如区域内意愿要素与能力要素同样薄弱，那么性别失衡的演变机制可能呈现交替特征。同时效益要素会对意愿要素产生影响，假如弱偏好地区的效益要素较强，随着时间的推进，性别失衡演变进行到中后期时，该地区的偏好要素得到加强，其性别失衡演变机制同样会呈现复杂特征。

其次，我国性别失衡演变相关的公共行政行为存在地区差异。一方面，我国各省份的计划生育政策力度存在差异，如江苏省实行严格

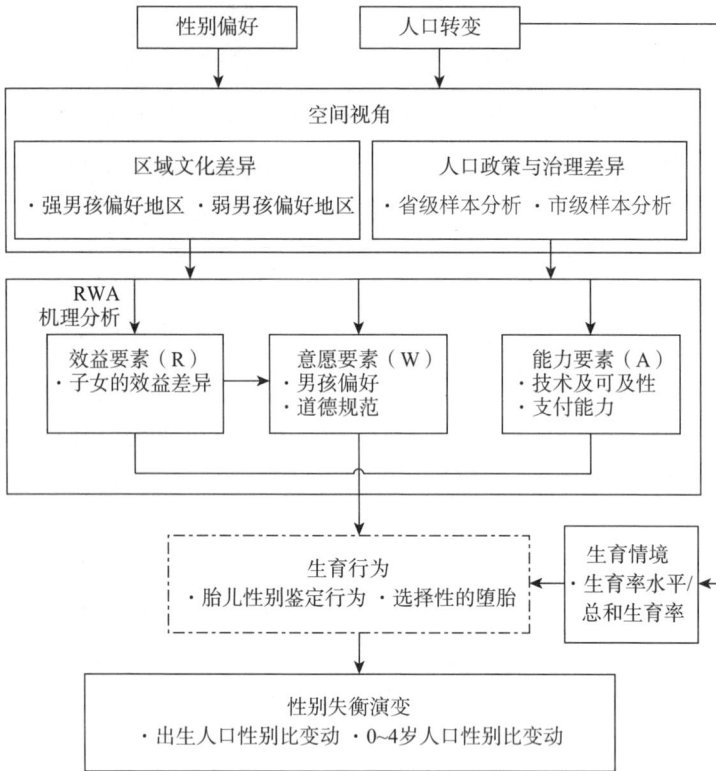

图3-5 空间视角下的性别失衡演变机制分析框架

的"一孩"政策，山东、河南等人口大省则实行"一孩半"的生育政策，西部如陕西、甘肃等省份存在诸多山区，因此当地相当多地区实行的是"二孩"政策，云南、贵州、青海则由于少数民族众多而实行多样化的生育政策。另一方面，各省份对计划生育政策的执行力度不同，导致相同政策生育率的地区，存在不同的生育水平。更重要的是，各省份对性别失衡的治理政策存在差异。其一是社会保障体系的差异导致性别失衡的效益要素产生差异，其二在于针对性别选择行为的惩处力度差异会导致性别失衡的能力要素产生差异，而这些都难以通过宏观数据测量。因此，控制地方的行政属性，能够分析出我国性别失衡演变机制的空间差异。

第三节　对性别失衡演变机制分析
框架的验证思路

一　分析框架中的概念测量

根据理论研究背景和本章的研究假设，首先选择适当的因变量和自变量。下面将分别简要论述性别结构失衡的演变机制研究中所需变量的定义、测量方法和基本描述统计特征。

1. 因变量

我国的性别失衡现象是由社会中的性别不平等带来的出生人口性别结构失衡以及人口性别结构失衡，本研究中的因变量为出生人口性别比和 0～4 岁人口性别比。出生人口性别比是指当年出生人口中出生男婴与出生女婴之比，通常乘以 100，正常的出生人口性别比为 105 左右。我国的性别失衡现象从起源上来看是通过非法性别鉴定和非法的性别选择性堕胎行为实现的，因此出生人口性别结构是测量性别失衡严重程度的最佳变量，但该变量的准确性对出生人口规模有较高的要求，否则无法准确反映一个地区的性别失衡程度。0～4 岁人口性别比则反映了过去 5 年出生人口性别结构的平均状况，对出生人口规模的要求更宽松。但该变量同时包含死亡性别结构因素，鉴于我国自 1980 年以来婴幼儿死亡率已经降至很低，可以认定该变量能够很好地反映一个地区的出生人口性别结构水平。

2. 意愿要素（W）自变量

意愿要素自变量包括了人们对男孩的偏好以及道德上对性别选择行为的接受程度。由于男孩偏好无法通过统计变量测量，本研究选择能够反映与男孩偏好直接相关的家庭文化和婚育文化变量。传统的父系家族文化会直接带来强烈的男孩偏好，本研究选择三代以上家庭户比例以反映家庭文化的传统程度。生育文化的传统程度包含了对孩子数量和性别的追求，并且二者息息相关，本研究选择总和生育率作为生育文化传统程度的测量指标。文化中对男女价值的认识往往也反映在婚姻观念中，女性粗离婚率则能反映一个地区对脱离家庭女性的包容程度，是很重要的婚姻观念指标。男孩偏好最为强烈的地区，对女孩的歧视十分严重，人们会在抚养过程中区别对待幼子和幼女，这导致男孩和女孩的死亡率偏离生物学规律，因此子女存活率的差异综合反映一个区域的男孩偏好强烈程度和对女孩生命的价值认识。

3. 效益要素（R）自变量

效益要素自变量主要用于测量区域内人们对子女效益差异的认识，通常包括对子女养老价值差异的认识和对经济价值差异的认识。由于城乡生活方式的差异，往往农村人口依靠儿子养老，而城市人口中儿子和女儿具有相当的养老功能，因此城市化率能够反映该区域子女的养老效应差异。另外，男性和女性由于就业带来经济价值差异，女性在农业生产中的作用弱于男性，但在第三产业中却能发挥其性别优势；较高的男性失业率会在"男主外、女主内"的传统模式下导致男性地位大幅降低，对男孩偏好造成冲击。因此本研究选择第三产业就业人口比重和男性失业率作为测量男女经济价值差异的自变量。

4. 能力要素（A）自变量

实现出生人口性别选择行为的能力包含信息、技术、经济支付能力和政策空间四个部分。随着时间的推移，人们对出生人口性别选择行为的认识越来越清晰，对该行为带来的效应、花费的成本和实现途径越来越了解，因此时间变量是很重要的能力要素自变量。医疗技术发展和经济收入水平提高则体现技术和经济能力，本研究采用子女存活率作为医疗技术发达程度的测量指标，采用区域人均 GDP 对数作为经济能力测量指标。最后，区域所在省份开始采用法律治理出生人口性别选择行为的年份，能够体现该区域的政策严格程度，可以作为政策空间的测量指标。

二 验证分析框架的关键点

在性别失衡演变模式分析中，本研究需要验证以下内容。首先，中国确实存在一种以出生人口性别结构变动为特征的性别失衡演变模式，性别比转变存在"上升—徘徊—下降"的三个阶段特征。其次，由于生育政策和性别偏好文化的区域差异，在中国的性别失衡演变模式下还存在区域类型。

在性别失衡的影响机制分析中，本研究需要验证，在过去30多年的性别失衡演变过程中：①婚育文化和家庭观念等意愿要素对中国各地区性别失衡有显著影响；②两性的经济社会地位差异以及家庭地位差异等效益要素对中国各地区性别失衡有显著影响；③技术和经济条件等能力要素对中国各地区性别失衡有影响；④效益要素对意愿要素有影响，进而改变性别失衡的影响因素格局。

在性别失衡的演变机制分析中，本研究需要验证：首先，对于初始条件不同的社会，触发性别选择行为发生的变迁因素也不相同；其次，在出生人口性别比偏高现象问题出现之后，主导出生人口性别比水平变化的社会变迁因素将会动态变化；最后，社会变迁的路径不同，性别失衡演变的过程也不同。

三 验证思路

对中国性别失衡演变机制的研究，既包含其演变模式分析和总结、影响因素分析，又需要从更完整和系统的历史视角下将性别失衡的演变过程与其背后的影响因素有机结合，详尽而有序地阐述中国过去 30 多年各领域的社会变迁如何影响性别失衡、性别失衡在怎样的社会背景下发生了怎样的演变。因此，性别失衡演变机制研究是在演变模式总结和影响因素分析的基础上进行的。本研究将首先验证中国性别失衡演变模式及其区域类型，然后在时空视野下探讨性别失衡演变背后的影响因素，最后将演变模式与影响因素结合，分析中国过去30 多年的社会变迁牵引性别失衡演变的全过程。

三个环节所分析验证的目标存在较大的差异，性别失衡的演变模式侧重宏观特征描述和纵向历史对比，影响因素分析则需要较大样本和准确定量的操作化数据，演变机制研究则需要翔实而准确的社会变迁信息、扎实的理论分析和严密的逻辑推导，因此，本研究将采用不同的数据和不同的研究方法，分步骤验证中国性别失衡演变机制的分析框架。

（1）在性别失衡演变的分析与总结中，为适应宏观特征描述和纵向历史对比的需求，本研究将使用 1982～2010 年中国各省份的 7 次宏观普查数据，纵向分析出生人口性别比以及总和生育率的演变过程，通过生育空间转变各维度对比，总结出性别失衡演变的中国模式和区域类型。

（2）在性别失衡演变机制的实证分析中，为保障研究结果的科学性，本研究将采用大样本实证分析方法。研究数据采用中国 1990 年、2000 年和 2010 年三次普查的地级市数据，构建影响因素的验证模型，以统计学的方法进行实证。分区域的实证结果对比可以体现影响因素分析框架在不同区域的适用性，分时期的实证结果对比可以严重影响因素分析框架在不同历史阶段的适用性。时空对比的影响因素差异分析将为下一步的性别失衡演变机制分析奠定实证基础。

（3）性别失衡演变机制的全程分析需要翔实而准确的社会变迁信息、扎实的理论分析和严密的逻辑推导。在前文提出的框架指导下，本研究将构建由学术文献、统计数据和历史资料构成的中国现代社会变迁和性别失衡演变资料库，结合性别失衡影响因素分析的实证结果，回顾中国改革开放以来的社会变迁过程、对性别失衡的关键影响以及与性别失衡的互动关系，对中国性别失衡演变机制进行全程分析。

总而言之，对性别失衡演变机制的两种验证方式是在理论指导下对数据进行分析，它们的区别在于实证分析借助统计回归分析验证因果关系，定性分析侧重理论和性别失衡演变中的关键事件，能够解释数据中无法体现的时空差异及影响机制，需要理论分析与定性资料分析结合。归根究底，验证途径存在差异是因为性别失衡演变机制分析在不同步骤上的研究目标和需求不同。

第四章　时空视角下的性别失衡演变

Guilmoto 的研究显示，20 世纪末亚洲部分具有男孩偏好的国家和地区在人口转变过程中，伴随着生育率快速下降，不仅出现了出生人口性别结构失衡现象，还存在出生人口性别比（以下简称性别比）转变的过程，即性别比呈现"先攀升，后高位徘徊，最后下降至平衡"的三阶段特征，其中韩国、新加坡和中国台湾等国家与地区已经完成了性别比转变或已经进入性别比转变的下降阶段，但大部分国家和地区如印度等还处于上升或高位徘徊阶段。陈卫等（2010）将出生人口性别比变动模式与人口转变理论相结合，描述了亚洲性别失衡演变过程。但这些研究都没有详细地阐述中国性别失衡演变过程的特点，尤其是时空差异可能导致的分类型。

第一节　性别失衡演变的理论分析与假设

一　中国模式

宏观人口现象均是微观生育意愿和生育行为的体现，出生人口性别比偏高问题的出现体现了社会中人们生育行为和生育意愿的变化。生育是一个包括数量、时间和性别的三维偏好现象，这三个维度构成了人们的生育意愿空间和实际生育空间。其中性别偏好比时间偏好和数量偏好更重要、更难以改变，在生育率下降过程中，人们的数量和时间偏好的转变会早于性别偏好转变。时间偏好和数量偏好的改变影响实际生育数量，进而挤压性别偏好。生育率持续下降时，不断缩小的生育空间与仍旧强烈的性别偏好发生冲突，导致性别比上升。因此，在性别偏好较为强烈的地区，出生人口性别比偏高会伴随生育水平的下降而发生，并在低生育水平下发生演变（如图4-1所示）。生育水平的下降，本质为生育数量偏好及生育时间偏好的转变；出生人口性别比的转变，本质是生育性别偏好的转变。性别比会经历图4-1所示的上升、高位徘徊和下降三个阶段（分别标记为 S1，S2，S3）的转变过程。

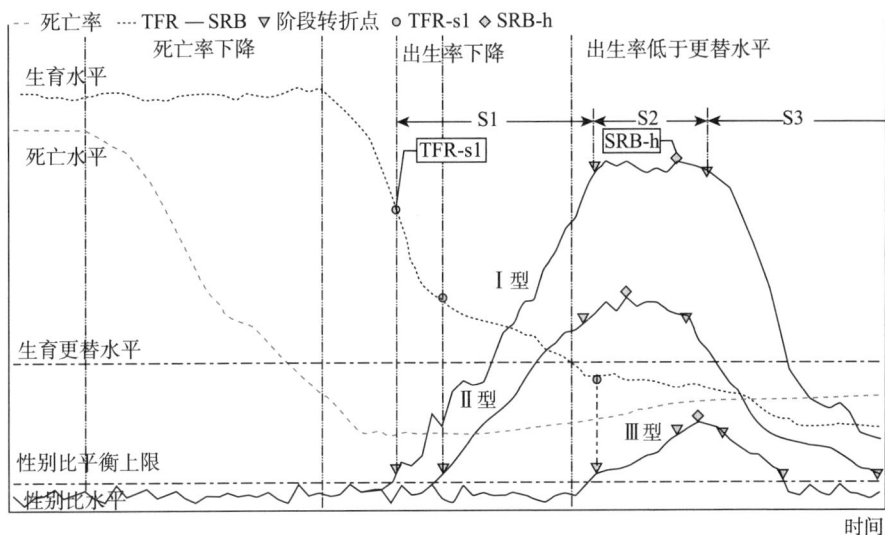

图4-1 性别失衡的演变模式及分析框架

说明：S1、S2、S3 分别表示性别失衡演变的上升、高位徘徊和下降阶段；Ⅰ型表示重度失衡型地区性别失衡的演变过程，Ⅱ型和Ⅲ型则表示中度失衡型和轻度失衡型；其余图例见本图左上角解释。

中国作为亚洲性别失衡最严重的国家之一，长期存在较为强烈的男孩偏好观念。由于中国的传统生育文化重视生育，人口生育水平普遍较高，人们可以通过协调数量偏好、时间偏好和性别偏好来实现生男孩的愿望，并不存在性别比偏高问题。然而 20 世纪 80 年代以来在社会经济发展和计划生育政策的共同驱动下，生育率的快速下降迅速压缩了人们的生育空间，致使部分无法通过多胎生育实现男孩偏好的群众转向采用技术手段进行性别选择，导致性别比偏高。而在男孩偏好相对稳定的前提下，随着生育率下降至更替水平以下，人们的生育空间已经趋于刚性，导致性别比长期在高位徘徊。伴随着社会发展、女性社会地位提高，生育的性别偏好逐渐变弱或消退，推动偏高的性别比逐渐下降并实现平衡。据此，本书认为，与亚洲其他存在性别失衡问题的国家一样，中国存在性别比转变的过程，中国的性别失衡演变过程值得关注。

二　区域类型

中国社会经济文化发展不平衡，地区环境差异大，那么中国的性别失衡演变过程是否存在区域类型呢？

第一，从空间区域环境来看，中国作为幅员辽阔、民族众多且社会经济文化、生育政策和性别比治理多样化的国家，区域环境的差异性决定了不同空间区域的男孩偏好强度、生育水平和性别比水平可能呈现空间区域差异。

第二，从性别偏好强度在时空中的分布来看，性别偏好强度在时空区域内的差异，可能会形成不同水平的区域极限生育空间。极限生育空间是满足生育意愿的最小空间[①]，当生育空间满足三维度偏好的

---

① 李建新（1996）在对极限生育空间的论述中，将极限生育空间解释为可以通过数量调节和时间调节来满足性别偏好的最小生育空间，其认为该值可以表达为一个固定值。本书认为极限生育空间是三维偏好构成的，它在特定时期和特定区域下是不变的，限定了生育偏好任一维度的伸缩范围，但极限生育空间会因时空差异而变化。

最小值时，便达到了该地区的极限生育空间，其大小由社会经济和生育文化决定。区域性别偏好强度体现为该区域偏好男孩的个体在总人口中的比例，即一个地区内群体性别偏好越强烈，倾向生育男孩的人口基数（比例）就越大。那么性别偏好越强烈的地区，其需要确保基本性别偏好实现的最低生育水平越高，或者同等生育水平下进行性别选择的需求越强烈，即该地区的极限生育空间越大；反之，性别偏好越弱的地区，其极限生育空间就越小。

第三，时空区域内极限生育空间差异分布可能会致使不同区域内性别失衡演变开始的位置、经历的时间跨度和偏高水平存在差异。不同区域在某一时期内极限生育空间是恒定的，男孩偏好越强，极限生育空间就越大，这就意味着生育性别平衡时对生育数量的需求更强，生育数量既定时对生育性别的需求更强。因此在相近的社会经济和政策变迁的冲击下，生育率以相近的速度和幅度快速下降，性别偏好越强烈的地区越早达到极限生育空间，继而出现性别失衡现象，即该类地区的性别比转变开始于生育水平转变的早期；而且当全国生育率下降到相近水平时，性别偏好越强烈的地区性别失衡程度会越严重，即性别比达到的峰值最高。最后，由于文化的相对滞后性，性别偏好最强烈的地区，其性别偏好消退所需的时间最长，性别比转变所需的时间也最长。反之，男孩偏好越弱的地区，可容忍的极限生育空间越小，其可承受的生育率下降幅度就越大，实现性别偏好所需的生育空间也就越小，该类地区在生育转变的晚期、生育率下降至很低时才会出现性别失衡，性别比偏高的水平会较低，完成转变所需的时间也会较短。

因此，在中国的性别失衡演变过程中，不同区域人口变动过程中性别比转变开始的位置、达到的偏高水平和偏高持续的时间会存在系统性的差异，呈现不同的性别失衡演变类型。基于常规的三分法，本书认为性别失衡演变的区域模式存在如图 4 - 1 所示的三种类型：Ⅰ型，即重度失衡型，性别比对生育率下降反应敏感的区域类型，既表现为在生育率刚刚开始下降时（尚未降至更替水平时）性别比最早偏离正常水平，也表现为生育率下降过程中性别失衡程度最严重、高位徘徊；Ⅱ型，即中度失衡型，性别比转变起步与生育率下降基本同步发生的区域类型，在生育率接近更替水平时性别比上升、性别失衡程度中等、中位徘徊；Ⅲ型，即轻度失衡型，性别比变动对生育率下降反应较为迟钝的区域类型，上升速度和幅度较为缓和，表现为性别失衡出现在人口转变进入低生育率时期、性别失衡低位徘徊。

三　分析策略

如前文所述，中国性别失衡演变过程的区域类型会在三类指标上表现出差异，我们将其作为本书的验证分析框架：其一为性别比转变的阶段类指标，主要关注性别比的变动已经经历了哪几个阶段，旨在验证在中国是否存在性别比"上升、徘徊和下降"的阶段特征；其二为性别比转变的位置类指标，即性别比偏离正常时点的生育率 TFR-s1（TFR 为 Total Fertility Rate 的简写，即总和生育率）；其三为水平类指标，性别比高位徘徊时的偏高水平是分析性别比变动模式的重要指标。本书用 SRB-h 即性别比偏高的峰值来代表高位徘徊水平，第二类和第三类指标是判断区域类型的依据，详见图 4 - 1。此外，选择人口更替水平即 TFR 为 2.0 时的性别比值作为水平类的补充指标，标记为 SRB-rtfr，不再在图 4 - 1 中标出。另外，本书的实证数据分析仅仅包括生育水平和出生人口性别比水平的变动，不涉及死亡水平。

第二节　研究数据与方法

本书提出性别失衡演变过程的分析框架，认为中国的性别失衡会呈现上升、高位徘徊和逐渐下降至平衡的三阶段演变过程，且因区域内男孩偏好的强弱差异会呈现不同的类型，并运用全国和分省份的历史数据从时空两个维度进行验证。

一　研究数据

本研究涉及的数据可以分为中国模式部分和区域类型部分。中国模式的数据来源包括了 1950～2009 年的数据，生育数据分别来自 *Basic data on fertility in the provinces in China*、*Fertility estimates for provinces of China*、《中国人口统计年鉴》、《中国统计年鉴 2010》 等；出生人口性别比数据分别来自《全国生育节育抽样调查分析数据卷（三）生育　节育》、顾宝昌和徐毅（1994）的研究、《中国人口统计年鉴》、《全国生育节育抽样调查分析数据卷（三）生育　节育》、《中国 1990 年人口普查资料》、《中国 2000 年人口普查资料》（长表）、中国 2005 年 1% 人口抽样调查资料、《中华人民共和国国民经济和社会发展统计公报》 等。区域类型分析涉及全国各省份 7 次普查数据，主要来源于 1973～2005 年全国人口普查和 1% 人口抽样调查。具体年份和区域数据来源信息参见本书第一章第五节。

二　研究方法

本书采用比较分析和归纳的方法，基于总和生育率和出生人口性别比的统计数据，从两个维度验证中国性别失衡演变模式，即时间维度上性别比变动存在三阶段特征和空间维度上存在区域类型。首先基于全国的纵贯数据在时间维度上验证中国性别失衡演变过程的阶段特征；然后基于分省份的区域纵贯数据，从空间和时间两个维度验证该模式的区域类型及阶段特征。

第三节　性别失衡演变过程的经验验证

一　中国性别失衡演变过程及时期特征

通过分析 1950~2009 年中国出生人口性别比（SRB）及总和生育率（TFR）的变动关系可以发现，中国人口转变自 20 世纪 70 年代开始，生育率经历了快速而急剧的转变，性别比在生育率转变的中后期开始偏离正常，此后经历了上升和高位徘徊两个阶段。

如图 4-2 所示，生育率转变经历了快速下降、中位徘徊下降和低位稳步下降的过程。第一个阶段是高位快速下降阶段，生育率由 6.0 左右快速下降至 2.9 左右；第二个阶段是中位徘徊下降阶段，生育率在 2.3 至 2.8 之间徘徊；第三个阶段是低位稳步下降阶段，生育率下降并稳定在 2.0 以下。在生育率快速下降的人口背景下，性别比偏高现象开始于生育率下降的中后期，其转变经历了低位徘徊上升、快速上升和高位徘徊的过程。即性别比转变的上升期和徘徊期：中国性别比自 1980 年左右开始升高，到 1988 年一直处于低位徘徊上升期，与 1977~1990 年生育率的中位徘徊阶段存在的时间一致，这反映出生育率水平已经下降至当时人们可以容忍的极限生育空间，在男孩偏好的驱动下性别比开始徘徊升高；从 20 世纪 80 年代末开始，随着生育率继续下降并稳定在更替水平以下，性别比也快速上升，这反映出在人口转变进入第四阶段后，在男孩偏好稳定的前提下，中国的低生育率水平趋于稳定，致使人们的基本生育空间趋于刚性，从而导致性别比快速升高；最终生育率稳定在 1.5 左右时，性别比进入高位徘徊阶段，并长期在 117～121 波动徘徊，尚未显现明显的下降趋势。

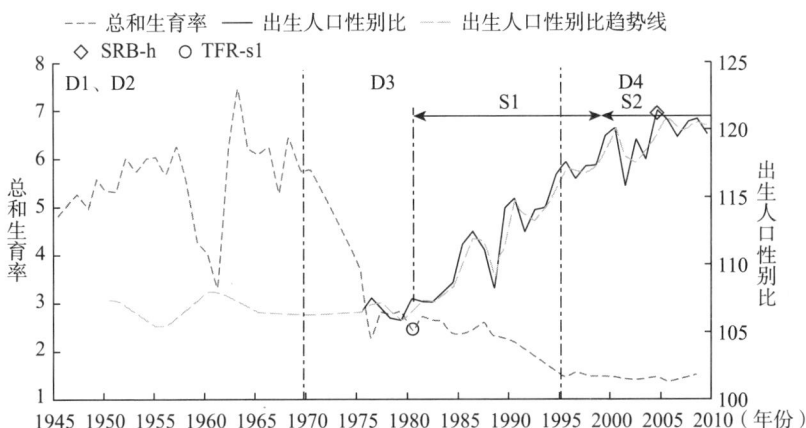

图 4－2 中国性别失衡演变分析

说明：D1、D2 表示生育率下降之前的人口转变阶段，D3 表示生育率下降的人口转变阶段，D4 表示生育率下降结束后的后人口转变阶段；S1 表示性别失衡的攀升阶段，S2 表示性别失衡的高位徘徊阶段。出生人口性别比的数据起于 1950 年，根据理论假设其变动滞后于生育率变动，故而总和生育率数据始于 1945 年。

　　由于性别比是男孩偏好与生育空间相互作用的结果，在偏好相对稳定的倾向下，生育率的走低，意味着生育空间，尤其是男孩偏好实现的基本生育空间逐渐被压缩，从而导致性别比持续升高。中国生育率与性别比水平的互动关系及性别比变化的阶段特征也证明了这一点。中国性别比与生育率变动存在反向一致性：在人口转变进入第三阶段中期时，开始出现性别比转变，而随着人口转变进入第四阶段，性别比转变经历了快速上升和高位徘徊两个阶段。虽然目前中国性别比转变还未出现下降，但从性别失衡发生的机制中可以预见，在男孩偏好弱化后，性别比会逐渐下降，而韩国和新加坡等国家性别比的成功转变也证明了这个推理。

二　区域类型及空间特征

在中国性别失衡演变过程阶段特征分析的基础上，本节利用分省份数据归纳分析该模式的区域类型。其中使用的数据涉及除西藏和重庆外的其他29个省份的总和生育率和性别比。

根据理论分析框架，在区域类型归纳和分析中综合考虑位置类指标 TFR-s1 和水平类指标 SRB-h 的取值。基于前文对中国模式阶段特征的分析，我们可以发现生育水平和性别比水平的变动既存在阶段性，也存在波动性，因此本书在适度调节的基础上根据取值的大小将 TFR-s1 和 SRB-h 分别分为高中低三个水平，相应地将全国29个省份划分为三种类型。根据中国生育率变动的规律，将全国的生育率下降的徘徊值2.8和更替水平值2.0作为界定生育率高中低水平的标准，同时中国人口转变的第二阶段生育率波动范围为2.3～2.8，因此在 TFR-s1 分类的操作化过程中可将高水平的最低标准2.8下调0.3个点。本书将 SRB-h 操作化为7个普查年份性别比中的最高值，已有数据中各省份 SRB-h 的分布是109.43～138.01，而中国性别比在117～121维持了10年左右，存在4个点波动。因此我们将出生人口性别比高于125和115分别作为界定性别比峰值高中低水平的标准，并根据需要允许在分类中将标准上下调节3个点。另有少数省份不符合研究假设及以上分类标准，其性别比转变具有突变性，本书将其归为突变型地区。具体分类标准和结果详见表4-1。

表4-1　区域类型的分类标准、结果及指标分类

类型	地区	位置类	水平类	
		TFR-s1	SRB-h	SRB-rtfr
重度失衡型	广西	4.13	128.80	120 左右
	广东	3.32	137.76	125 左右

续表

类型	地区	位置类	水平类	
		TFR-sl	SRB-h	SRB-rtfr
重度失衡型	安徽	3.26	132.20	130 左右
	海南*	3.25 以上	135.04	130 左右
	河南	3.01	130.30	125 左右
	江西	2.76	138.01	125 左右
	陕西	2.68	132.11	120 左右
	湖北	2.59	131.60	120 左右
	福建	2.54	125.89	115 左右
	湖南	2.50	127.79	115～120
中度失衡型	河北	2.82	119.42	112～115
	甘肃	2.70	119.35	110
	四川	2.58	116.34	112
	山东	2.47	118.94	115～118
	浙江	2.31	117.64	110 左右
	内蒙古	2.11	127.65	109～111
	贵州	2.00	127.65	127 左右
轻度失衡型	吉林	1.99	110.35	110 左右
	辽宁	1.81	112.17	106～108
	宁夏	1.80	111.11	107 左右
	黑龙江	1.74	110.69	107 以下
	新疆	1.70	109.43	107 以下
	青海	1.50	116.91	110
突变型	云南	2.59	113.36	112
	山西	2.85	116.71	113 左右
	江苏	1.98	126.49	107 以下
	天津	1.50	120.00	107 以下
	北京	1.00	122.00	107 以下
	上海	1.00	120.00h	107 以下

注：*海南省成立于 1988 年，1990 年人口普查数据显示其出生人口性别比已经偏高，总和生育率为 3.25，因此推断其出生人口性别比开始偏高时的总和生育率应在 3.25 以上。

资料来源：1973 年、1982 年、1987 年、1990 年、1995 年、2000 年、2005 年全国人口普查和 1% 人口抽样调查，其中出生人口性别比数据来自普查资料的长表，总和生育率根据普查资料计算得出。

从以上的分类结果可以看出：在中国性别失衡演变模型下存在不同的区域类型，除突变型之外，3个类型地区在性别比偏离时点和性别比达到的峰值上均表现出很强的一致性。我们进一步观察图4-3所示每一类地区中各个省份近30年的性别比变动可以发现，前三类区域内部的性别比变动在性别比开始偏高的时间、上升速度、上升幅度和整体趋势上均呈现较为一致的特征。但突变型地区的性别比变动存在较大变异，未表现出一致性特征（见图4-3）。

重度失衡型

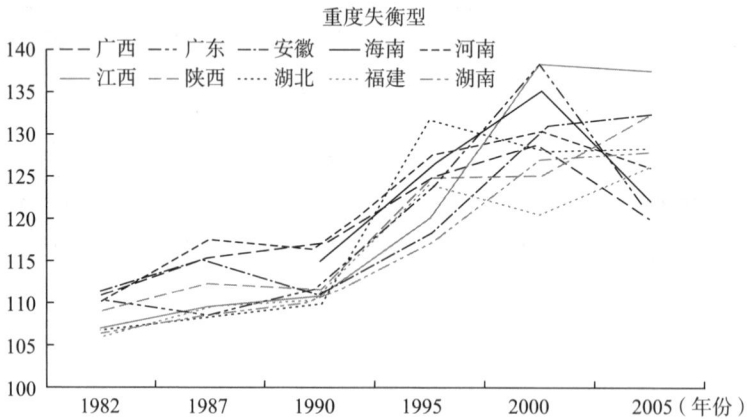

中度失衡型

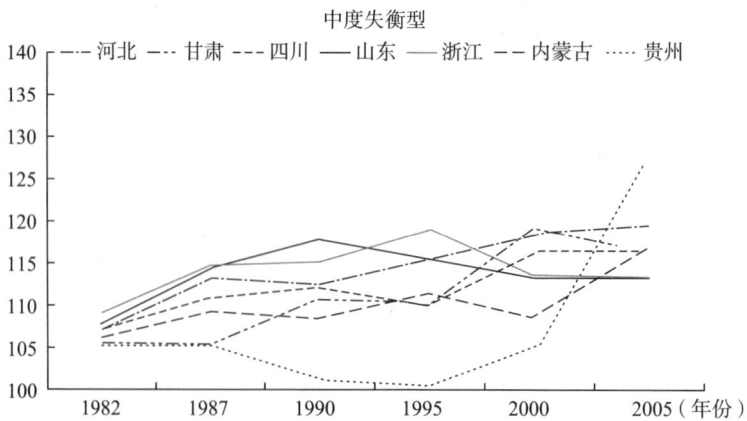

轻度失衡型

突变型

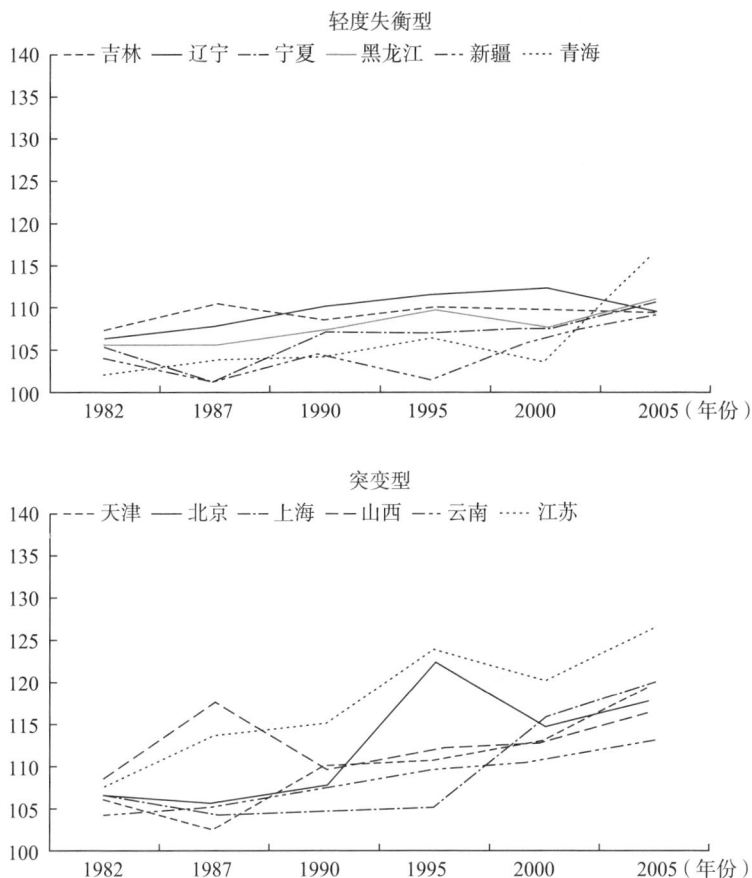

图 4 - 3 不同类型地区的出生人口性别比变动

我们具体阐述每一个性别失衡演变区域类型的特征。重度失衡型包括 10 个省份,分别分布在华南和华中地区的珠江流域、长江流域中游和黄河流域中游,除广东和福建为经济较发达的省份外,其余均为传统家族体系较严格的农业省份。这部分省份的性别比较早开始偏离正常水平,其性别比转变具有偏高起点对应的生育率水平高、性别比上升速度快、幅度大、峰值高和严重失衡的特点。以性别比开始偏高时生育率较高、性别比峰值最高的江西省为例,其生育率快速下降至 3.2 左右时,江西的性别比已经开始呈现偏高态势,这反映出江西省极限生育空间大。在人口转变进程中生育率的高位快速下降、中位徘徊下降和低位稳步下降，分别对应着性别比的缓慢上升、快速上升以及高位徘徊，性别比的峰值高达138，反映出其生育率不断下降导致极限生育空间趋于刚性，从而导致性别比快速上升并高位徘徊。目前该类省份中，广东、广西、海南的性别比已经出现了较大幅度下降，但仍旧处在130左右的高位水平。

中度失衡型包括7个省份，主要分布在华北、西南和东南沿海地区，既包括经济欠发达、城市化率较低的中西部农业省份，也包括集体经济和民营经济发达的东部省份。该类省份性别比转变具有偏高起点对应的生育率水平处于中位、性别比上升速度和幅度相对平缓、性别比峰值为中等水平的特点。以性别比开始偏高时生育水平和性别比偏高峰值均为中等水平的山东省为例，其性别比偏高开始于1982年甚至更早些，当时生育率在2.5左右，已经接近更替水平。随后13年间其性别比上升了约10个点，速度稳定在适中水平，最高峰值没有超过120，并开始呈现下降态势。同时，该类型大部省份的性别比目前在117左右徘徊，但部分省份已经进入下降期，其中较早开始偏高的山东省、浙江省性别比达到120左右的峰值后分别连续3期（约15年）和连续2期（约10年）出现下降，目前在稍高于110的位置。这也反映出性别比在经过一段时间的相对高位徘徊后会趋于下降，在人口转变进入第四阶段后还存在一个性别比转变的过程。

轻度失衡型包括6个省份，集中分布在东北三省和西北少数民族地区。相比前两类地区，该类型省份的性别失衡演变表现出了更强的一致性：其性别比最晚偏离正常水平，性别比偏高发生在生育率转变完成之后，即人口转变的第四阶段；上升速度和幅度都极为缓慢，偏高的程度较轻，大部分省份性别比峰值在111左右，并处于相对稳定阶段。截至2005年，绝大部分省份的性别比在110左右低位徘徊。

以性别比偏高历程较长的辽宁省为例，其生育率下降至更替水平后才出现性别比偏高问题，到 2000 年性别比达到最高值 112.17，13 年间性别比上升了 5 个点，此后，性别比也出现了小幅徘徊下降情况。其性别比转变表现出性别比偏高起点对应的生育率水平低、性别比上升速度缓慢、峰值较低和低位徘徊的特点。

突变型是不符合以上三种人口转变的类型，既包括经济相对落后的内陆省份云南、山西，也包括江苏、天津、北京和上海等东部的经济发达省份。从上文对性别失衡演变过程下的三类区域类型的分析可以发现，性别比偏高的阶段、位置和峰值不同形成不同的转变类型，且每个类型的变化趋势相对一致；而突变型中各省份的人口转变态势偏离了这种趋同的变化规律，表现出变异性和突变性特征。以其中的大都市上海为例，在其人口转变中，生育率长期稳定在低生育水平，性别比出现在生育率水平下降至超低生育率水平阶段，并呈现上升速度快、峰值较高的特点。

第四节　小结

通过从时空两个维度分析全国和区域的历年的性别比与生育率的变动关系，本书提出的两个问题基本得到了验证，中国存在性别失衡演变过程，即在生育率下降的背景下性别比开始偏高并发生演变，其演变过程呈现阶段特征，且存在不同的区域类型。具体表现为以下几个方面。

第一，中国存在一种以出生人口性别结构变动为特征的性别失衡演变过程，性别比转变存在"上升—徘徊—下降"的三阶段特征。引入性别偏好的视角后，本书发现中国的性别比伴随着生育率的下降出现偏高现象，并在人口转变的进程中发生演变。Guilmoto（2009）认为亚洲的性别比转变会存在"上升—徘徊—下降"的三阶段特征。本书验证了中国的性别比转变不仅存在上升和徘徊阶段，同时发现中国性别比的上升阶段还存在两个亚阶段，即低位徘徊上升阶段和快速上升阶段。虽然目前中国性别比转变在经历约18年的上升期和约10年的徘徊期后，目前尚未进入下降期，但中国的辽宁、广东、海南、广西等省份2005年的性别比相比前期有不同程度的下降，浙江、山东等省份已经出现了连续10年以上的性别比下降，这表明性别比转变存在一个完整的三阶段。受数据的局限，本书未能完整地给出性别比下降阶段的具体特征，但是由于男孩偏好文化刚性的存在，以及不同空间区域内男孩偏好文化刚性强弱的差异存在，可以肯定性别比转变的下降阶段存在多种形态。例如韩国性别比转变的下降阶段就可以分解为早期的快速下降和晚期的低位徘徊下降两个阶段。

第二，由于生育空间的区域差异，中国带有性别偏好的性别失衡演变过程下还存在区域类型。根据人口转变过程中性别比偏高起点时对应的生育率水平和性别比峰值，本书获得了四类人口转变区域类型，分别是：重度失衡型、中度失衡型、轻度失衡型和突变型。其中重度失衡型性别比转变发生在生育率还处于高位水平阶段，具有攀升速度快、幅度大、峰值高等特点；轻度失衡型性别比转变始于生育率下降至更替水平之后，具有攀升速度缓慢、幅度小、峰值较低的特点；中度失衡型性别比转变介于以上两种类型之间，其性别比转变开始时生育率基本处于更替水平，攀升速度和幅度中等，性别比的峰值为120~130，随后进入徘徊期和下降期。突变型地区的性别失衡演变并不存在一种规律性的特征，其性别比转变具有突变性。

本书还有两点发现值得进一步讨论。一是在外在环境的影响下，性别比转变既存在规律性，也存在突变性。从时间的维度来看，无论是中国性别失衡演变的整体模式，还是各区域的分类型都存在 Guilmoto 提出的性别比转变三阶段；从空间来看，由于时空的差异性，不同区域性别比转变又具有不同的特点，性别比偏高发生的阶段、位置，以及性别比偏高的高度和持续的时间长度都存在空间差异。与此同时，在城乡人口流动等宏观环境的影响下，部分省份的性别比转变的态势发生了较为严重的扭曲，呈现的特点超出了性别比转变的一般性规律，例如北京、上海和天津的性别比转变就出现在超低生育率的变动下性别比出现快速、大幅的上升情况，背离了性别比变动的一般规律。这些都表明，未来中国性别失衡演变除了受到文化的影响外，经济体制、产业结构、经济发展水平、城市化水平、社会发展水平等因素的影响会越来越大，这也有待未来深入研究。

二是性别失衡演变可能存在多样性的变动阶段。Guilmoto 在变化的趋势上对性别比转变的阶段进行了总结，却没有详细考察生育率与性别比互动。本书将在中国性别失衡演变分析中引入生育率变动的环境信息，通过考察性别比对生育率变化的反应，既在经验上验证了性别失衡演变过程及性别比转变阶段论的理论命题，又有新的发现。例如中国性别比转变在上升阶段就呈现两阶段特征，即徘徊上升和快速上升。由于目前中国的性别失衡演变还未完成，其演变模式具体呈现何种形态和特征还需要进一步研究。

第五章　时间视角下的性别失衡
演变机制

第一节　研究目标

社会变迁过程呈现显著的阶段性特征，不同阶段的社会环境有着显著差异，这导致性别失衡的 RWA 机制在不同时期也有差异。另外，在性别偏好和人口转变的宏观背景下，社会变迁中的关键事件和重要转变都会导致性别失衡的 RWA 要素发生改变。中国的社会变迁过程中先后发生的改革开放、计划生育政策实施、技术引入、经济发展、工业化和城市化以及社会结构转变等诸多重要事件，均改变了性别失衡的 RWA 机制。

本章的研究以时间视角下的性别失衡演变机制分析为核心从以下三个方面展开。

（1）应用性别失衡演变的 RWA 分析框架，明确各个时期性别失衡的主要影响因素，其中意愿要素、效益要素和能力要素分别有哪些？

（2）应用 RWA 分析框架，分析时间视角下的性别失衡演变机制，即性别失衡在三个时期的主要影响因素是哪类要素，是否存在时期差异？

（3）分析过去 30 余年的关键历史时间、社会变迁特征与性别失衡演变的关系，总结出性别失衡的时间演变机制。

在研究内容上，本章基于时间的视角分析性别失衡的演变机制，包括两部分内容：其一为基于普查数据的时期对比实证研究，着重分析不同时期性别失衡影响因素的差异，进而揭示性别失衡演变机制的时期差异；其二基于性别失衡演变机制的分析框架，探讨 1970 年代末以来的社会变迁与性别失衡的互动过程，进而深入分析性别失衡的时间演变机制。

第二节　研究方法

一　变量

本章使用全国 1990 年、2000 年、2010 年三次人口普查的市级汇总数据，从时间视角研究性别失衡的演变机制，侧重性别失衡演变机制的时期对比。

1. 因变量

本章中的因变量为出生人口性别比和 0～4 岁人口性别比。考虑到本研究的数据由抽样数据汇总计算得出，仅一年的出生人口规模过小，其男性与女性出生人口之比无法反映区域的真实性别失衡状况。0～4 岁人口性别比则反映了过去 5 年出生人口的性别结构的平均状况，对出生人口规模的要求更宽松。本章使用的数据基本为普查年份百分之一抽样或千分之一抽样的汇总数据，由于我国绝大部分地级市的出生人口规模为 2 万～5 万人，则其抽样规模可能为 20～50 或 200～500。那么 0～4 岁累积人口抽样规模可以保证在 100 以上，因此选择

0~4 岁人口性别比作为本章研究的因变量是合适的。

2. 意愿要素（W）自变量

本研究选择三代以上家庭户比例反映家庭户文化的传统程度，总和生育率反映生育文化传统程度。考虑到计划生育政策执行给人们生育行为带来的影响，本章选择初期总和生育率（1990 年的总和生育率）、政策外生育率作为测量数量偏好的意愿要素自变量。女性粗离婚率是重要的婚姻观念指标，男性全职家务人口比例则反映男性在婚姻中的平等意识和社会对男性的社会性别期望。子女存活率性别差异可以反映区域内人们对男孩女孩的生命价值认识差异。

因此，本章选择三代以上家庭户比例、女性粗离婚率、初期（1990 年）总和生育率、政策外生育率、子女存活率性别差异、男性全职家务人口比例、女性初婚年龄、初始女孩存活率作为意愿要素自变量。

3. 效益要素（R）自变量

首先是城市化水平，由于普查中无法获取城市化率数据，本研究采用非农业人口比例替代城市化率作为效益要素自变量之一。第三产业发展有益于女性就业，男性失业率则削弱男性的经济价值。因此，本章中效益要素自变量分别为非农业人口比例、第三产业就业人口比例、男性失业率。

4. 能力要素（A）自变量

实现出生人口性别选择行为的能力包含信息、技术、经济支付能力和政策空间四个部分。性别选择行为所需要的信息、技术随着时间推移在人群中扩散，时间是重要能力变量。本章采用时期对比的方式研究性别失衡的时间演变机制，所以无法将时间作为自变量放入模型，但可以通过对比三期模型的结果得出时间因素的作用。因此，本章涉及的能力要素包括人均 GDP 对数、子女存活率、政策外生育率、开始性别失衡治理年份，时间变量不纳入模型之中，却可以通过对比分析其作用。

二　数据来源

如前文第一章第五节所述，时期对比实证研究部分的数据是由 1990 年、2000 年和 2010 年三期的 400 余个市级样本构成的面板数据。其中人口相关数据分别由 1990 年、2000 年、2010 年普查数据汇总而成。人均 GDP 数据来源于统计资料，其中 2010 年和 2000 年数据来源于《中国区域经济统计年鉴》，1990 年数据则根据各省份 1990 ～ 2000 年的经济增长率和人口增长率，由 2000 年数据回推生成。政策生育率数据来自杨菊华的研究，性别失衡演变机制定性分析的数据则主要来自学术文献、统计数据和官方统计报告、新闻报道等。

三　编码匹配

本章中 1990 年数据使用的编码表为《全国县及县以上行政区划代码表》（国家标准 GBT 2260 - 1999）。2000 年数据使用的编码表为《最新全国县及县以上行政区划代码》（截至 2001 年 10 月 31 日），2010 年数据使用编码表《最新县及县以上行政区划代码》（截至 2010 年 10 月 31 日）。

本研究中所进行的实证部分涉及全国 300 余市，分别间隔 10 年的三期数据，故而数据收集和整理工作十分繁杂和艰难。编码匹配是其中一项重要的基础工作，目标是对所有的地级行政区观测单位建立一个观测 ID "CODE"，并建立 "CODE" 与各期行政区名称、代码的匹配关系，以保证各个观测单位是空间上互斥独立、时间上唯一延续的行政区。考虑到我国 1990 ～ 2010 年行政区划发生了一些变化，如 1990 年绝大部分地级行政区为 "地区"，此后陆续升级为 "（地级）市"；再如某些县从一个市或地区划分入另一个市或地区，某个市或地区被分为两个市和地区，甚至某个省分为两个省或直辖市（海南省和四川省），故该工作包括两部分。

（1）分三期对全国 300 余市的行政代码及名称和 2000 余县的名称进行匹配，该工作的目的为将普查汇总的数据与统计年鉴获得的数据（无代码）匹配起来，如市级人均 GDP 需要搜集大量的统计年鉴来获取，还有部分年份和区域数据需要依据县级人均 GDP 汇总生成。

尽管已有的行政区划代码表包含地级行政区名称及代码、县级行政区名称及代码，但其并未建立地级与县级行政单位的树状关系。因此，笔者用手动的方式在三次普查所用行政区划代码表的基础上，分别建立了三期省级行政区、地级行政区和县级行政区的名称（全称）匹配表。

另外，部分行政区名称较长，需要建立其全称与简称的匹配关系，以便与不同数据来源的统计指标进行匹配。如"内蒙古自治区"简称"内蒙古"或"蒙自"，"黔江土家族苗族自治县（1990 年）"简称"黔江自"，因此笔者将所有名称超过 3 字的行政区名称，取其前两个字在 SPSS 中进行匹配。

此外还有少部分县级行政区名称相同，却属于不同的省份，如"北京市市辖区朝阳区"和"吉林省长春市朝阳区"，这类问题需要通过手动检查代码与名称的匹配来发现。

（2）将三期的市级代码进行匹配。由于我国 1983 年开始"地级行政区改革"，大量地级行政单位由"地区"改为"市"。其名称和行政代码都发生了很大变化，如 1990 年"山东省惠民地区"的 4 位市级代码为"3723"，该地区 2000 年已经更名为"山东省滨州市"，市级代码更改为"3716"[①]。我国 1982 年地区数 170 个，占 318 个地级行政区的 53.5%；至 2010 年仅存地区 14 个，占 333 个地级行政区

---

① 在我国的行政代码体系中，前两位为省代码，第 3 位代码则代表该单位的类型，"市"的代码为"1"，"地区"的代码为 2。故在大量地区升级为市时，其行政代码也随之发生变化。

的 4.2%。因此在建立数据库之前需要匹配三期市级代码，这一部分工作量庞大，且需要通过手动检查才能重新匹配。

同时，1990～2010 年部分地级行政区被合并和拆分，需要对其观测 ID "CODE" 进行界定和匹配。对于拆分的行政区，本研究将其视作两个或多个不同的观测单位。如宁夏回族自治区的银南地区（1990年，代码 6421）2000 年已更名为 "吴忠市"（代码 6403），2004 年后拆分为吴忠市（代码 6403）和中卫市（代码 6405），故本研究对其分别以 6403 和 6405 为观测 ID。对于合并的行政区，亦将其视作两个或多个不同的观测单位，如 CODE 为 "5135" 的 "黔江地区"，在 1990年为 "四川省黔江地区"，代码为 "5135"，2000 年之后则成为隶属于 "重庆市辖区"[①] 的 "黔江区"，代码为 "5002"。

经过以上处理，笔者整理得出观测 ID、地级名称、1990 年 ID、2000 年 ID、2010 年 ID、与所属省份名称相匹配的代码表。为保障该代码表准确无误，分别检查省份名称与观测 ID 的匹配性、三期 ID 的匹配性。最终的三期行政区划代码表详见附表 1。

四　数据汇总

以第四次人口普查为例，我国人口普查调查表以户为单位进行填写，每张表可以填写本户信息和 5 个家庭成员信息，超出人数使用续表并标明 "户主姓名_____，本户共_____页，第_____页"。调查表所含信息包含了户所属行政地区的信息、户信息、个人与户主关系、个人信息及育龄妇女的生育史信息（见表 5-1）。第五次和第六次人口普查的普查表也延续了该表的调查方式和结构，只是在调查内容上更加丰富。

---

① 本研究中，将北京、上海、天津、重庆等每个直辖市均分为 2 个观测单位，一个为 "辖区"，一个为 "县"。

表 5-1　第四次全国人口普查表

普查登记的内容应严格保密，不作为考核地区以下政绩的依据

以1990年7月1日0时为标准时间申报人须按本表要求逐项如实回答询问，查员须按申报人的回答逐项填写

本户住址 _____ 县（市、区）_____ 乡（镇、街道）_____ 村（居、街巷 _____ 号）　集体户名称 _____

一、本户编号　二、户别　1.家庭户　2.集体户　三、本户人数　合计__　男__　女__　四、本户出生人数　五、本户死亡人数　六、本户户籍人口中离开本县市一年以上的人数

四、本户出生人数

	1989年上半年		1989年下半年		1990年上半年	
	合计	男 女	合计	男 女	合计	男 女

五、本户死亡人数

1989年上半年		1989年下半年		1990年上半年	
合计	男 女	合计	男 女	合计	男 女

六、本户户籍人口中离开本县市一年以上的人数　合计__　男__　女__

备注：

每个人都填报

一、姓名	二、户主与本户主关系	三、性别	四、年龄	五、民族	六、户口状况和性质	七、1985年7月1日常住地状况	八、迁来本地的原因（常住地迁移的人填报）	九、文化程度	十、业人口的行业	十一、在业人口的职业	十二、不在业人口状况	十三、婚姻状况	十四、妇女生育存活子女数（十五岁至六十四岁的妇女填报）	十五，1989年1月1日以来的生育状况（十五岁至四十九岁的妇女填报）
	1.户主 2.配偶 3.子女 4.孙子女 5.父母 6.祖父母 7.其他亲属 8.非亲属	1.男 2.女	（__周岁）生于 __年 __月	__族	1.常住本县、市，户口在本县、市 2.常住本县、市以上户口在本县、市以上户口在本县、市不满一年以上 3.人住本县、市，离开户口登记地一年以上 4.住在本县、市，户口待定 5.原住本县、市，现在国外工作或学习，暂无户口	常住地类型 1.城市街道 2.镇 3.乡　常住地 01.本市 02.本县其他 03.本省其他 省外 省	1.工作调动 2.分配录用 3.务工经商 4.学习培训 5.投亲靠友 6.退休退职 7.随迁家属 8.婚姻迁入 9.其他	1.不识字或识字很少 2.小学 3.初中 4.高中 5.中专 6.大学专科 7.大学本科	工作单位名称	做什么具体工作	1.在校学生 2.料理家务 3.待升学 4.市镇待业 5.离休退休退职 6.丧失劳动能力 7.其他	1.未婚 2.有配偶 3.丧偶 4.离婚	生育过（活产）男__　女__　现在存活男__　女__	0.未生 1.89年上半年生 2.90年下半年生 3.男孩 4.女孩 5.男孩 6.女孩
	1.户主 2.配偶 3.子女 4.孙子女 5.父母 6.祖父母 7.其他亲属 8.非亲属	1.男 2.女	（__周岁）生于 __年 __月	__族	1.常住本县、市，户口在本县、市 2.常住本县、市以上户口在本县、市以上户口在本县、市不满一年以上 3.人住本县、市，离开户口登记地一年以上 4.住在本县、市，户口待定 5.原住本县、市，现在国外工作或学习，暂无户口	常住地类型 1.城市街道 2.镇 3.乡　常住地 01.本市 02.本县其他 03.本省其他 省外 省	1.工作调动 2.分配录用 3.务工经商 4.学习培训 5.投亲靠友 6.退休退职 7.随迁家属 8.婚姻迁入 9.其他	1.不识字或识字很少 2.小学 3.初中 4.高中 5.中专 6.大学专科 7.大学本科	工作单位名称	做什么具体工作	1.在校学生 2.料理家务 3.待升学 4.市镇待业 5.离休退休退职 6.丧失劳动能力 7.其他	1.未婚 2.有配偶 3.丧偶 4.离婚	生育过（活产）男__　女__　现在存活男__　女__	0.未生 1.89年上半年生 2.90年下半年生 3.男孩 4.女孩 5.男孩 6.女孩

续表

以下为同一表格连续三行（三名被登记人），各行栏目内容相同：

与户主关系	性别	出生	民族	户口状况	户口性质	常住地	常住地类型	迁移原因	文化程度	在校情况	工作单位名称	做什么工作	职业	婚姻状况	生育过（活产）/现在存活	出生孩数
1.户主 2.配偶 3.子女 4.孙子女 5.祖父母 6.其他亲属 7.其他 8.非亲属	1.男 2.女	（__周岁）生于__年__月	族	1.常住本县、市，户口在本县、市 2.常住本县、市以上，户口在本县、市不满一年以上 3.人住本县、市，离开户口登记地一年以上 4.人住本县、市，户口待定 5.原住本县、市，现在国外工作或学习，暂无户口	1.农业户口 2.非农业户口	01.本县、市 02.本县、市以外 本省 省外	1.城市 街道 2.镇 3.乡	1.工作调动 2.分配录用 3.务工经商 4.学习培训 5.投亲靠友 6.退休退职 7.随迁家属 8.婚姻迁入 9.其他	1.不识字或识字很少 2.小学 3.初中 4.高中 5.大专 6.大学 7.本科	1.在校 2.毕业 3.肄业 4.其他	工作单位名称	做什么具体工作	1.在校学生 2.料理家务 3.待业 4.市镇待业 5.退休退职 6.丧失劳动能力 7.其他	1.未婚 2.有配偶 3.丧偶 4.离婚	生育过（活产）男__女__ 现在存活 男__女__	0.未生 1.89年上半年生 2.女孩 89年下半年 3.男孩 4.女孩 90年上半年生 5.男孩 6.女孩

根据我国普查表的数据格式，本研究所需数据按照汇总方式分为三类。

第一类数据为人口结构类数据。该类数据主要计算人口中某类人口的规模和在总体中的比例（0~4 岁人口性别结构是计算两个不同人口规模的比值），其汇总方法较为简单：首先对符合标准的个人进行判定，然后按照区域汇总，汇总完成后计算其在总人口中的比例即可。此类数据以及设计的普查内容如表 5-2 所示。其中产业结构的计算汇总标准见表 5-3。

表 5-2　人口结构类数据汇总方法

指标	计算方法	涉及的普查表内容
非农业人口比例	户口类型为"非农业"的人口数/总人口数	1990 年：（六）户口状况和性质 2000 年：R7 户口性质 2010 年：R11 户口类型
女性粗离婚率	15 岁以上女性中离婚人口的比例	1990 年：（三）性别；（四）年龄；（十三）婚姻状况 2000 年：R3 性别；R4 年龄；R23 婚姻状况 2010 年：R3 性别；R4 出生年月；R24 婚姻状况
男性失业率	15 岁以上男性人口中不在业人口比例	1990 年：（三）性别；（四）年龄；（十二）不在业人口状况 2000 年：R3 性别；R4 年龄；R17 是否有工作 2010 年：R3 性别；R4 出生年月；R17 工作情况
0~4 岁人口性别比	0~4 岁的男性人口数与 0~4 岁女性人口数之比	1990 年：（三）性别；（四）年龄 2010 年：R3 性别；R4 出生年月 2010 年：R3 性别；R4 出生年月
第三产业就业人口比例	15 岁以上人口中在第三产业就业的人口比例	1990 年：（四）年龄；（十）在业人口的行业 2000 年：R4 年龄；R19 行业 2010 年：R4 出生年月；R18 行业

表 5-3　产业结构汇总判定（以 2010 年数据为例）

分类	行业类型代码（《BJ＿＿＿行业代码本》）
第一产业	A 农、林、牧、渔业 01X 02X 03X 04X 05X B 采矿业 06X 07X 08X 09X 10X

续表

分类	行业类型代码（《BJ＿＿＿行业代码本》）
第二产业	C 制造业 11X 12X 13X 14X 15X 16X 17X 18X 19X 20X 21X 22X 23X 24X 25X 26X 27X 28X 29X 30X 31X 32X 33X 34X 35X 36X 37X 38X 39X 40X 41X 42X 43X D 电力、燃气及水的生产和供应业 44X 45X 46X E 建筑业 47X 48X 49X 50X
第三产业	F 交通运输、仓储和邮政业 51X 52X 53X 54X 55X 56X 57X 58X 59X G 信息传输、计算机服务和软件业 60X 61X 62X H 批发和零售业 63X 64X 65X I 住宿和餐饮业 66X 67X J 金融业 68X 69X 70X 71X K 房地产业 72X L 租赁和商务服务业 73X 74X M 科学研究、技术服务和地质勘查业 75X 76X 77X 78X N 水利、环境和公共设施管理业 79X 80X 81X O 居民服务和其他服务业 82X 83X P 教育 84X Q 卫生 85X 86X 87X R 文化、体育和娱乐业 88X 89X 90X 91X 92X S 公共管理和社会组织 93X 94X 95X 96X 97X T 国际组织 98X

注：X 表示任意数字。

第二类数据为家庭类数据。该类数据由于涉及对家庭属性的判定，其汇总方法相对复杂。以"三代以上家庭户比例"为例，该数据获取的难点在于需要首先判断每个家庭的家庭结构，作者根据每个家庭中所有人"与户主关系"计算出该家庭中以户主为核心的代际分布，即通过该家庭中是否有户主父母辈成员、是否有户主的祖父母辈成员、是否有户主的子女辈成员以及是否有户主的孙子女辈成员，获得该家庭成员中的代数，再以家庭为单位汇总生产区域内家庭户的数量和三代以上家庭户的数量。

第三类数据为生育类数据。该类数据的汇总需要先判断普查对象是否为育龄妇女，随后依据普查对象的生育史信息进行计算汇总。具体变量及计算方法如表 5 - 4 所示。

表 5 – 4   生育类数据汇总方法

指标	计算方法	涉及的普查表内容
总和生育率	5 岁组育龄妇女（15 ~ 49 岁）生育率的累加	1990 年：（三）性别；（四）年龄；（十五）1989 年 1 月 1 日以来的生育状况 2000 年：R3 性别；R4 年龄；R26 1999.11.1 至 2000.10.31 的生育状况 2010 年：R3 性别；R4 出生年月；R27 2009.11.1 至 2010.10.31 的生育状况
出生人口性别比	新生男性人口与女性人口的比值 ×100	1990 年：本户出生人数（1989 年下半年、1990 年上半年） 2000 年：H7 本户 1999.11.1 至 2000.10.31 出生人数 2010 年：H4 1999.11.1 至 2000.10.31 出生人口
子女存活率	区域内育龄妇女生育存活子女数与生育子女数的比值	1990 年：（三）性别；（四）年龄；（十四）妇女生育、存活子女数 2000 年：R3 性别；R4 年龄；R25 生育子女数 2010 年：R3 性别；R4 出生年月；R26 生育子女数

五　模型设定

根据本章的研究目标和内容，我们基于省市级三次普查年份构成的总体数据探索时间视角下的中国性别失衡演变机制。由于该数据的省市三次普查观测年份结构，既是分层结构又为面板数据，一般的静态面板数据模型或分层线性模型均无法完全体现该数据的特有结构，因此本研究采用多层线性增长模型。具体而言，模型的公式如式 5 – 1 – 0 至式 5 – 1 – 15 所示，一层模型中，出生人口性别结构是所在区域观察年份环境变量的函数。

分别对 T0、T1、T2 三期的数据进行多层线性分析：

Level – 1 Model

$$Y = B0 + B1 \times (W\_STFR5) + B2 \times (A\_LNGDP) + B3 \times (R\_R\_NONA) + B4 \times (R\_R\_EMP1) +$$
$$B5 \times (R\_R\_NOJO) + B6 \times (W\_R\_GEN3) + B7 \times (W\_DIVOR0) + B8 \times (W\_RMALF) + B9 \times (W\_FE$$
$$1ST) + B10 \times (W\_DSUR) + B11 \times (A\_SURVR) + B12 \times (W\_STFR50) + B13 \times (W\_FESUR0) + B14 \times$$
$$(A\_POLICY) + R$$

$$(5 – 1 – 0)$$

Level – 2 Model

$$B0 = G00 + G01 \times (GOVYEARS) + U0 \quad\quad (5-1-1)$$

$$B1 = G10 \quad\quad (5-1-2)$$

$$B2 = G20 \quad\quad (5-1-3)$$

$$B3 = G30 \quad\quad (5-1-4)$$

$$B4 = G40 \quad\quad (5-1-5)$$

$$B5 = G50 \quad\quad (5-1-6)$$

$$B6 = G60 \quad\quad (5-1-7)$$

$$B7 = G70 \quad\quad (5-1-8)$$

$$B8 = G80 \quad\quad (5-1-9)$$

$$B9 = G90 \quad\quad (5-1-10)$$

$$B10 = G100 \quad\quad (5-1-11)$$

$$B11 = G110 \quad\quad (5-1-12)$$

$$B12 = G120 \quad\quad (5-1-13)$$

$$B13 = G130 \quad\quad (5-1-14)$$

$$B14 = G140 + G141 \times (GOVYEARS) \quad\quad (5-1-15)$$

公式中 Y 代表出生人口性别结构，由于原始数据样本有限，出生人口性别比（SRB）存在较大的误差，本研究以 0 ~ 4 岁人口性别比（SR0 – 4，SR 为 Sex Ratio 的简写）作为模型中的因变量。由于我国出生人口性别结构以出生人口性别比偏高为主要表现，同时存在女婴或女童死亡率偏高现象，0 ~ 4 岁人口性别比将是良好的性别失衡的测量指标。

一层模型中，0 ~ 4 岁人口性别比作为结果变量，分别是意愿要素、效益要素和能力要素等解释变量的函数，这些解释变量均为连续的时变量。其中意愿要素变量包括政策外生育率、三代以上家庭户比例、女性粗离婚率、男性全职家务人口比例、女性平均初婚年龄。观测初期总和生育率和初始女孩存活率（应该引入女孩存活率与男孩存活率之差），它们分别从数量偏好和性别偏好两个维度表示该地区的生育文化特征，也作为意愿要素纳入一层模型。效益要素变量包括非农业人口比例、第三产业就业人口比例、男性失业率。能力要素变量包括子女存活率、人均 GDP 对数和时间变量 t。

二层模型用以解释一层模型中与更高层次变量相关的参数变化。由于省级政府在我国性别失衡治理中拥有较大的自主权，一层模型中的解释变量与被解释变量的关系也受到所在省份特征的影响，例如，某些省份较早开始治理性别失衡问题或制定的政策合理有效，那么在同等社会经济发展水平和生育文化情境下，这样的地区的性别结构失衡问题会得到有效的遏制。因此，本研究以省份为单位构建二层模型，引入省份开展性别失衡专项治理的年份，以控制公共政策因素区域差异在性别失衡问题中的作用。

第三节　定量分析

一　数据描述

基于表 5-5 的数据描述可以发现，我国的出生人口性别结构在 1990~2010 年基本是呈上升态势的，1990~2000 年的 10 年间，性别失衡急速加剧，随后至 2010 年出生人口性别结构则维持在了 2000 年的水平。将出生人口性别比与 0~4 岁人口性别比进行比较，出生人口性别比的数值略高，区域间的差异更大，最大值和最小值的分布偏离均值更远。考虑到本研究采用的数据均由 1% 或 1‰ 抽样汇总生成，数据的误差较大，因此采用对样本量要求较小、数据方差较小的 0~4 岁人口性别结构作为结果变量。对各时期的环境变量进行分析，统计指标的变迁分为三类。

（1）连续增长型指标。政策外生育率可以较好地测量区域内人们

表 5 - 5　分时期的数据描述

变量	T1 (1990 年) (N=347)				T2 (2000 年) (N=347)				T3 (2010 年) (N=347)			
	均值	标准差	最小值	最大值	均值	标准差	最小值	最大值	均值	标准差	最小值	最大值
出生人口性别比	114.46	16.72	23.80	225	130.20	72.45	0	700	126.69	74.86	0	900
0~4 岁人口性别比	109.57	9.02	44.44	152	121.73	29.06	44.44	257.14	122.30	36.84	70	475
政策外生育率	-0.74	0.64	-2.84	0.73	0.09	0.46	-1.64	1.93	0.28	0.46	-1.22	2.37
三代以上家庭户比例	19.31	6.62	5.74	44.92	18.69	5.60	3.74	34.04	22.76	7.62	6.02	46.42
女性粗离婚率	0.63	0.96	0.04	7.71	1.05	1.15	0	9.52	1.42	1.24	0	11.34
男性全职家务人口比例	1.48	1.23	0.11	6.72	1.38	0.99	0.08	7.67	7.014	4.39	0	25
女性平均初婚年龄	21.52	1.03	15	25	22.77	1.62	17	39	23.18	2.01	17	36
子女存活率性别差异	-29.75	101.93	-1111	306.96	-22.11	180.37	-1633.41	1274.38	-39.84	104.79	-980.39	264.27
初期总和生育率	2.34	0.82	0.55	6.07	2.34	0.82	0.55	6.07	2.34	0.82	0.55	6.07
初始女孩存活率	0.95	0.04	0.80	0.99	0.95	0.04	0.80	0.99	0.95	0.04	0.80	0.99
非农业人口比例	22.97	20.21	0.32	98.23	27.06	15.60	5.70	84.51	29.07	16.35	1.91	87.21
第三产业就业人口比例	17.22	13.89	1.32	96.53	19.79	9.72	6.11	71.17	27.07	11.03	4.54	71.38
男性失业率	3.74	1.24	0.37	8.07	4.94	1.76	1.63	13.74	9.27	2.09	1.13	1.59
人均 GDP 对数	7.94	0.58	6.27	10.20	8.39	0.64	6.50	10.35	10.18	0.61	8.51	12.11
子女存活率	9497.12	415.17	7932.62	9945.13	9750.73	235.28	8148.14	10000	9860.41	92.56	9366.67	10000
开始性别失衡治理年份					2.53	3.02	0	6	6.09	3.65	2	16

对生育数量和生育性别的文化偏好，1990～2010 年，我国各地市的政策外生育率平均每年增长 5.16%，即每次普查的政策外生育率比上次平均增长 51.6%，这说明时间对传统生育文化有持续、明显的强化作用。女性粗离婚率能够综合反映该地区女性的经济与思想独立程度，我国地级市的女性粗离婚率存在显著的时间扩散效应，1990～2010 年，女性粗离婚率平均每年增加 0.0395，即每 10 年（普查间隔时间）增加 0.395，这说明时间变量会促进女性独立意识的提升，从而进一步促进女性粗离婚率攀升。女性平均初婚年龄反映女性婚恋观念与经济独立程度的改变，女性平均初婚年龄存在显著的时间增长效应，我国各地市的女性平均初婚年龄每年增长 0.083 岁，即每 10 年（普查间隔时间）增加 0.83 岁，这说明时间变量对女性平均初婚年龄推后具有显著作用。通过观察政策外生育率、女性粗离婚率、女性平均初婚年龄这三类变量的标准差和最大值、最小值可以发现，政策外生育率在 1990 年普查期间的标准差偏高，而在后两次普查期间的标准差呈下降趋势；女性粗离婚率、女性平均初婚年龄的标准差则呈现随时间推进而增加的趋势，这说明各地市的差异逐渐增大。

（2）前期增长型指标。子女存活率反映了一个社会中的性别偏好，1990～2000 年，子女存活率平均每年增加 25.3606，2000～2010 年，子女存活率平均每年增加 10.9678，这反映了子女存活率呈逐年增长趋势，但是增长速度在逐渐减缓。非农业人口比例反映城市化进程，我国地级市的非农业人口比例存在显著的时间扩散效应，1990～2000 年，非农业人口比例平均每年增加 0.4085，2000～2010 年，非农业人口比例平均每年增加 0.2015，这反映了城市化进程呈逐年增长趋势，但是增长速度逐渐减缓。这说明时间变量对城市化进程具有显著的促进作用，然而伴随着时间推进，这种促进作用有减缓的趋势。通过观察子女存活率、非农业人口比例这两类变量的标准差和最大值、最小值可以发现，子女存活率在三次普查期间的标准差呈下降趋势，这说明各地市的子女存活率差异逐渐缩小；非农业人口比例的标准差则呈现随时间推进先增加随后又下降的趋势，总体而言呈下降趋势。

（3）后期增长型指标。第三产业就业人口比例反映现代化产业结构变化，1990～2000 年每年平均增加 0.2574，2000～2010 年增长幅度则明显提高，平均每年增长 0.7275，这说明时间变量对现代化产业结构变化具有显著的强化作用，这种强化程度在后期时间内的作用更为显著。男性失业率从侧面反映了两性家庭地位的平等程度，是非常直接的性别平等观测指标。1990～2000 年每年平均增加 0.1197，2000～2010 年增长幅度则明显提高，平均每年增长 0.4331，这说明时间变量对男性失业率提高具有显著强化作用，尤其是在后期这种强化作用更为明显。观察第三产业就业人口比例、男性失业率这两类变量的标准差和最大值、最小值可以发现，各地市第三产业就业人口比例的标准差总体上呈下降趋势，男性失业率标准差呈逐年上升趋势。

二 实证结果与分析

本研究根据观测期将所有数据分为三期，分别是 T0（1990 年）期、T1（2000 年）期和 T2（2010 年）期。本节将基于三期数据建立相同的性别失衡 RWA 演变机制模型，对比表 5－6 中三期数据模型分析结果，总结出我国性别失衡演变的时间机制。

表 5－6 的分析结果表明，意愿要素是性别失衡演变机制中最重要的要素。实证结果表明，总体上对性别失衡演变产生显著影响的意愿要素包括以下变量：政策外生育率越高，出生人口性别结构越趋于平衡，这证明了生育率下降对出生人口性别结构失衡的挤压作用；女性粗离婚率越高，出生人口性别结构越平衡，这与本研究提出的"女

表5-6 性别失衡影响因素的时期对比

	指标	T0 B		(SE)	T1 B		(SE)	T2 B		(SE)
意愿要素（W）	政策外生育率	2.32	*	1.09	-38.66	*	18.42	4.13		4.92
	三代以上家庭户比例	-0.19	+	0.11	1.65		1.23	-0.35		0.33
	女性粗离婚率	0.75		2.12	-16.44	+	10.09	-4.50		4.38
	男性全职家务比例	-0.49		0.58	-18.82	*	8.89	-0.96		0.67
	女性平均初婚年龄	-2.06	**	0.65	16.28	*	6.35	-1.74		1.14
	子女存活率性别差异	0.34		0.46	0.22	**	0.07	0.02		0.027
	初期总和生育率				-0.87		8.87	6.61	+	3.55
	初始女孩存活率	5872.68		8922.90	-174.62		418.30	173.63	+	101.30
效益要素（R）	非农业人口比例	-0.038		0.06	0.86		1.50	-0.51		0.31
	第三产业就业人口比例	-0.05		0.08	-1.62		2.146	0.36		0.35
	男性失业率	-1.01	+	0.51	-0.60		0.48	4.74		12.38
能力要素（A）	人均GDP对数	-0.57		0.89	-0.07		0.07	-0.06		0.04
	子女存活率	1.05	*	0.39	-26.99		11.03	-3.63		5.77
	政策外生育率	-6.22		3.36	-131.70	+	63.68	-18.47	+	10.57
	开始性别失衡治理年份				2.24		4.23	0.200	+	0.59
	_cons	84.21	***	21.76	1166.25		752.40	683.44		405.51
	sigma_e	6.55			12.50			18.23		
	R_sq within	0.19			0.85			0.14		
	between	0.33			1			0.46		

注：***，$p<0.001$；**，$p<0.01$；*，$p<0.05$；+，$p<0.1$。

性独立有利于性别平衡"的理论假设一致；子女存活率性别差异越大，出生人口性别结构失衡问题越严重，这证明了歧视女孩的世俗观念会加剧性别失衡。其中，政策外生育率的作用在 T0 期和 T1 期得到了验证，两个时期对出生人口性别结构的影响并不一致。1990 年，区域内政策外生育率每增加 1（即平均每个育龄妇女终生在政策外多生育一个子女），0～4 岁人口性别比升高 2.327；2000 年这个关系发生了逆转，政策外生育率每增加 1，0～4 岁人口性别比降低 38.668，这意味着政策外生育越普遍，出生人口性别比偏高问题越少——这是符合生育空间假说的。三代以上家庭户比例的作用仅在 T0 期模型中显著：区域内三代以上家庭户比例每提高 1%，出生人口性别比就降低 0.193，虽然该影响较小，但其影响方向与前文理论假设不符。因此，家庭户类型对性别结构失衡存在影响的假设在分时期模型中没有得到验证。女性粗离婚率在 T1 期模型中影响显著：区域内，女性粗离婚率每提高 1%，0～4 岁人口性别比就降低 16.444，由于女性粗离婚率提高是女性独立性增强的表现，这说明在 2000 年，社会中女性越独立，性别结构失衡问题越容易得到解决。男性全职家务人口比例对性别比的显著影响也说明了这一点，2000 年男性全职家务人口比例每提高 1%，性别比就降低 18.826，该变量恰恰说明区域内男性肯为家庭付出、女性能够获得更好的家庭和经济地位，就较不易发生性别失衡问题。女性平均初婚年龄在 T0 期和 T1 期模型中的作用显著：1990 年，区域内女性平均初婚年龄每提高 1 岁，性别比降低 2.061，到 2000 年，女性平均初婚年龄每提高 1 岁，性别比则升高 16.28。子女存活率性别差异的作用在 T1 期模型中显著，区域内该性别差异每提高千分之一，出生人口性别比升高 0.222。初期总和生育率和初始女孩存活率在 T2 模型中作用显著，并且是该模型仅有的两个显著变量，这说明 2010 年，性别失衡演变中起作用的意愿要素主要是早期文化滞后导致的。各地区 1990 年的总和生育率每增加 1，该地区 2010 年的 0~4 岁人口性别比将增加 6.619，同样的，该地区 1990 年女孩存活率每增加千分之一，其在 2010 年的性别比增加 0.174。

本章构建的模型纳入的效益要素仅有 3 个，分别是非农业人口比例、第三产业就业人口比例、男性失业率。城市化意味着两性在家庭和社会中的价值发生变化，第三产业就业人口比例则体现女性经济价值提高与否，男性失业率能够更直接地体现男性群体的经济社会地位变化。总体上看，非农业人口比例和男性失业率的提高，均起到促进出生人口性别结构平衡的作用。T0 期效益要素影响出生人口性别结构的因素中，仅有男性失业率的影响较为显著：1990 年，区域内男性失业率提高 1%，0~4 岁人口性别比降低 1.012。T1 期模型中各效益要素均不显著。T2 期非农业人口比例对性别失衡的影响较为显著：2010 年，非农业人口比例每提高 1%，性别比则降低 0.518。这与空间模型的比较结果相反，这说明流动人口干扰城市化的平衡性别结构作用主要存在于我国的经济发达地区，2010 年时人口流动已经非常普遍，但从全国所有的地级市对比可以看出，城市化还是对平衡出生人口性别比有促进作用。

前文的总体分析表明，能力要素并没有在性别失衡演变中起到显著的影响。虽然时间变量本身在模型中的作用不显著，但三期分析结果中的截距均显著且呈现阶梯状攀升态势，这表明我国性别失衡随时间加剧的态势明显。就其余的能力要素来看，T0 期模型中，子女存活率每增加千分之一，出生人口性别比就增加 1.055。由于子女存活率反映区域内的公共卫生资源是否丰富和医疗条件是否发达，故这说明较高的卫生医疗水平（意味着更加易于获得 B 超性别鉴定技术和人工流产服务）会加剧性别失衡（刘成斌、风笑天，2008）。T1 期模型中生育政策对结果变量的影响较为显著，政策外生育率每降低 1，出生人口性别比就增加 131.70，这说明生育政策对出生人口性别比有大幅度挤压作用。T2 期模型中生育政策仍旧对结果变量影响显著，只是影响系数变小：政策外生育率每降低 1，出生人口性别比就增加 18.47，这说明 2010 年生育政策对出生人口性别比的挤压作用变小。三期对比表明，早期影响我国性别失衡的能力要素主要是技术，2000 年之后主要为生育政策。

可见，本研究涉及的三次观测期性别失衡的影响机制呈现时期差异。1990 年，我国性别失衡主要受到婚姻家庭观念和生育意愿等意愿要素的影响，以经济地位差异为主的效益要素和卫生技术普及度等能力要素对出生人口性别比同样存在影响，但作用较小。2000 年的性别失衡影响因素模型中，意愿要素仍旧起到主要的影响作用，能力要素中则主要是生育政策起作用，效益要素的作用不显著。2010 年的模型分析表明，三类要素对出生人口性别结构均起作用，但三类要素影响的显著性都较弱。出人意料的是，意愿要素中，仅有早期生育文化变量起作用，同时期的婚育文化行为特征变量没有影响。这表明 2010 年的社会经济特征中不存在导致出生人口性别结构严重失衡的因素，或许其性别失衡问题受到生育文化惯性影响，我国的出生人口性别比可能会由于生育行为的惯性而在高位徘徊。

我国的出生人口性别结构失衡问题自 1980 年代初至今已经经历了 30 余年的演变，综合上述时间演变机制的定量分析我们发现：1990～2000 年，我国性别失衡的影响因素变化不大，意愿因素是导致出生人口性别失衡的最重要因素，男女给家庭带来效益的差异导致人们更加愿意选择生育男孩，能力要素的作用相对较小，主要是早期生育政策起到了挤压和推高出生人口性别比的作用。到 2010 年，我国性别失衡的影响因素发生了较大变化，意愿要素的作用大大减弱，效益要素对结果变量作用的显著性也略有降低，能力要素中经济能力的作用表现出来。2010 年全国范围的出生人口性别失衡加剧，更可能是时间扩散和生育行为惯性导致的。

第四节　定性分析

受定量数据来源的限制，无法覆盖中国性别失衡演变的整个过程，可分析的数据十分有限。作为定量分析结果的补充和再解读，本节将基于我国社会变迁和性别失衡演变过程的定性资料，分析不同社会发展阶段中的宏观社会环境变迁对性别失衡产生的影响，将各个阶段的影响机制连贯起来构建过去 30 余年中我国性别失衡的时间演变机制。

资料来源方面，本研究分别以"社会变迁""性别失衡"为主题词收集书籍、研究报告、学术文章等资料，如陆学艺的《中国社会阶级阶层结构变迁 60 年》、孙立平的《断裂》等，并整理重要的统计数据。定性资料与统计数据结合构成了相对完整的社会变迁和性别失衡分析资料系统。

一　中国社会变迁的时期划分

中国近 30 年来的社会变迁是以"改革开放"为开端的，随后波及了包括分配制度、科学技术、经济和社会文化等在内的各个领域，是典型的制度改革引发的社会变迁。该社会过程总体上可以分为三个阶段：制度改革探索阶段（1979～1992 年）、市场经济发展阶段（1993～2001 年）、社会结构变迁阶段（2002 年以后）。每个阶段的变迁相互连接，都有鲜明的标志性变迁事件和时期特征（陆学艺，2010；郑杭生，1997；李路路、王奋宇，1992）。

最初，中国政府以"改革开放"为载体启动了一系列制度改革，在强制性政治推动下中国社会运转方式发生了全面转变：1983 年全国范围内实施家庭联产承包责任制，拉开了市场经济改革的序幕，1992 年社会主义市场经济改革目标完全确立，完成了市场经济改革的探索阶段；农村家庭土地承包责任制全面实施，随后全国性的计划生育政策从 1980 年开始逐步推行、扩散、收紧。到 1990 年生育率下降到了 2.0 左右的更替水平；B 超技术从国外引进并迅速扩散，1979 年引进第一台 B 超机，1993 年全国 B 超机年生产能力超过万台（曾毅等，1993）。

到 1993 年，中国以"改革开放"为核心的制度框架设计基本完成，随后在各领域深化市场经济体制改革，为持续的经济发展提供了良好的制度保障，生育政策推行更是将女性从家庭中解放出来，为经济增长提供了大量的人力资本；科技进步大大减少了农业生产的劳动投入，农业人口比重降低；农村劳动力向城市转移，中国进入了自主的工业化和城市化进程。

经过长达 20 多年的制度改革和经济增长，我国的社会结构、思想观念都开始转变，这种变迁是系统自发的而非政策推动的，中国进入以社会结构转变为主要特征的第三阶段。2000 年后我国城乡、行业和地区间的收入差距均日益扩大，阶层逐渐形成，社会分化日益明显，孙立平甚至认为中国出现了社会结构"断裂"。同时城市化进程和人口流动进一步加速，导致农村留守老人、儿童和妇女增多，农村家庭脆弱并面临众多风险，底层民众的生活状况堪忧。我国原有的制度文化系统无法适应社会结构转变而引发众多社会问题，民生问题突出、治安事件频发、社会冲突加剧（陆学艺，2010）。

社会变迁下宏观环境系统改变会影响选择行为的 RWA 要素进而导致出生人口性别比水平偏高现象演变，进而会使得其与社会变迁同步变动。本书将中国近 30 年的出生人口性别比偏高态势、影响因素与社会变迁的阶段特征进行对应分析，试图揭示性别失衡演变的时期特征及社会机制。

二 制度改革探索时期的演变机制

传统中国社会是儒家思想、父权文化浸润下的农业社会，父系制度在社会生活中起着资源分配等重要作用，中国民众一直有着深厚而强烈的男孩偏好"意愿"，但人口生育水平较高，许多家庭养育多个子女，没有儿子的家庭比例很小。同时新中国成立之后，集体化的分配方式控制了私人生活，替代了传统家庭制度的资源分配职能。1950年代到1970年代初，集体化控制了家庭和私人生活，使得家庭内部成员平均分配资源，生男孩或生女孩并不会给家庭带来经济收益上的明显差异。因此外部环境并未给性别选择行为提供"效益"要素，而且限于当时的经济和科技水平更未提供"能力"要素。

制度改革探索阶段中家庭和家族内的父权制度的权威被重新树立，人们重新认识到了男孩对家庭的重要经济价值，这成为男孩偏好的"效益"（R）根基。1980年代初，农村全面推行家庭联产承包责任制，家庭重新成为最基本的经济单位：一方面农业生产和"致富"竞争凸显农村农业生产对男性劳动力的需求（国家统计局人口司，1989）；另一方面，在父权制体系下，女儿是别家人的，养老医疗保障的缺失促使人们"养儿防老"。改革是在分蛋糕，在进行利益再分配，该过程中家族的力量能够为争取利益提供更大的保障，因此中国的性别偏好被强化了，对女孩持歧视态度的歧视性的男孩偏好被唤起（穆光宗等，1996）。

政策压力下生育率持续下降，医疗卫生的发展和 B 超技术的普及，促使人们有"能力"（A）在生育时进行性别选择，以"出生人口性别比偏高"为表现的性别失衡的演变从此开始。1980年代之后，我国发生以计划生育为主要动力的生育率转变，人口自身的变化及社会性别偏好对孩子性别分布的影响增强。一面是通过多生育获取理想子女性别的途径被封堵，另一面却是科学技术的扩散带来新的手段[①]，至1993年每个县都有档次较高的B超机和技术操作人员，甚至不少条件较好的乡镇卫生院也装备了B超机。

这种情形下，坚守男孩偏好的人不仅看到了选择男孩的好处，还找到了选择的手段，性别选择行为随着新技术的传播迅速扩散。从1982年到1990年我国性别失衡的地区从以华北、华南为主蔓延到了东北、华中和西北地区，出生人口性别比从107逐年攀升并最终稳定在110以上的水平。

三 市场经济发展时期的演变机制

市场经济发展的环境下，人们的性别偏好仍旧以经济收益最大化为考量标准，但由于代际关系和夫妻关系改变，男孩在经济支持上的优势（R）减弱，男孩偏好的文化根基（W）慢慢瓦解。首先，父系家族制度和传统生育文化对年轻一代农民的影响变弱。一方面大批农民工流入城市打工，市场交换成为他们获得支持的主要方式，家族内社会支持越来越弱，削弱了家族权力对个人的影响力；另一方面由于代际职业分化，年轻一代经济收益远高于父辈的农业生产收益，育龄夫妇掌握了经济资源，对自身的生育行为更具有自主权（何蓉，2011；李霞，2010）。其次，家庭中女性地位在提高，女儿对父母的养老作用日渐凸显。由于小家庭成为经济的核心单位，丈夫依靠家族获得资源的作用变小，妇女在家庭中的地位提升；个人教育水平和经济能力的提高、退休金制度的盛行，削弱了儿子的养老功能；城市化

---

① 1979年，我国第一台B超机正式投产，1982年后国内有大量国产或进口的B超仪器投入使用。据海关总署统计，B超机进口高峰期在1985~1989年，1989年我国共进口高档彩色B超机2175台，1993年，全国B超机年生产能力超过一万台。

使得女性婚后可以与父母近距离居住，儿子也可以在外地工作，进而提高了女性地位、拉近了女性婚后与父母的距离。从夫居的婚姻模式正逐渐失去其原本的意义（李路路，2002），这一切不仅使得年轻夫妇自身的男孩偏好变弱，也增强了他们与父辈观念相抗衡的能力，他们日渐能够承受"没有儿子的压力"。

然而 B 超技术的普及、人们经济收入水平的提高和性别选择的相关信息传播，使得人们的性别选择能力（A）提高，抵消了 R 要素和 W 要素的变化，导致出生人口性别比在这一阶段没有下降。韩国也曾经在男孩偏好减弱的同时性别比却因技术扩散而继续攀高。

随着这一阶段农村父系家族体系的瓦解和农村家庭核心化，"歧视性"的性别偏好①已经得到较大的弱化（刘爽，2005），但是中性的性别偏好仍旧在生育和子女教育等多方面有所表现，到 2000 年人们生育意愿已由男孩偏好转为"二孩偏好"。我国的出生人口性别比在 1991~2000 年持续攀升，到 2001 年首次出现较大幅度的下降，部分省份如浙江、山东、江苏等也在 2000 年的普查数据中显示了较明显的下降趋势。②

四 社会结构变迁时期的演变机制

在社会结构转变过程中，社会分化对我国的社会形态和家庭生活带来深远影响，男孩偏好意愿可能有了新的"效益"（R）基础。首先，社会分化导致家庭面临的社会风险增加（陈卫等，2008）。风险会来自家庭内部，比如城市地区的大量下岗、失业现象，尤其女性下

---

① 冯占联认为性别偏好可以分为两个层次，分别是中性的偏好和歧视性的偏好，歧视性的性别偏好是可以随着社会进步而消亡的，中性的偏好则不会。李冬莉也认为，性别偏好应分为个人喜好决定的与家庭制度决定的两种偏好。而我国绝大多数农村地区存在的男孩偏好是家庭制度决定的、歧视性的性别偏好，这种偏好才会对性别选择行为产生影响。

② 历年中国统计年鉴和普查数据。

岗率显著高于男性，大量女性被迫回归家庭，这冲击到了女性地位；高风险也有来自家庭外部的，比如近年来治安状况恶化，公共安全事件频发等，使城市中以三口之家为主的核心家庭普遍缺乏安全感。社会心理学的研究表明，高风险的社会中人们会因为缺乏安全感而防卫意识增强，日益崇尚男性化，男孩偏好加强（理查德·威尔金森、凯特·皮克特，2010）。陈卫（2008）也认为，社会转型中的市场经济不确定性和高风险，可能使父母从缓解家庭经济压力和应对外来威胁的角度考虑，对男孩的依赖性增加并产生男孩偏好。其次，社会分化使得父权制在富人阶层重建，再生了男孩偏好文化。中国阶层分化导致"阶层复制"（龚维斌，2010），富裕阶层的财富积累与传递方式依赖于家族体系，这又重新巩固了父权制度下的男孩偏好观念。而非公有部门就业人数和比例的上升、富人阶层的出现，导致政府对城市居民的控制力逐渐减弱，城市居民更有可能将自己的生育意愿变为实际行为，包括进行非法胎儿性别鉴定和性别选择性流产。最后，等级制严格的社会中男性更容易处于主宰地位，女性的地位更低。伴随着市场经济的发展，城市地区就业市场的竞争日趋激烈，出现严重的性别歧视，2003年后女大学生毕业找不到工作已经成为普遍状况，性别歧视导致性别偏好增强。

不过同时，中国政府实行了针对出生人口性别比偏高问题的治理行动，一方面针对选择行为的能力要素（A）对非法的B超技术使用和性别鉴定实施打击，另一方面针对意愿要素（W），通过媒体和文化宣传试图弱化男孩偏好文化，并建立"性别选择行为"不道德的社会规范，这些治理措施对于遏制出生人口性别选择行为的扩散起到了重要作用。2000年之后城市地区出生人口性别比开始偏高，部分经济发达而贫富悬殊的地区甚至达到了严重偏高的程度，如浙南和陕北地区。

第五节　小结

定量分析表明性别失衡的影响机制呈现时期差异。我国的出生人口性别结构失衡问题自 1980 年代初至今已经经历了 30 余年的演变，对三个时期的演变机制对比分析发现，1990～2000 年，我国性别失衡的影响因素变化不大，意愿要素是导致出生人口性别失衡的最重要因素，其次是男女给家庭带来的效益差异导致人们更加愿意选择生育男孩，能力要素中早期生育政策起到了挤压和推高出生人口性别比的作用。2010 年的模型分析表明，三类要素对出生人口性别结构均起作用，但三类要素影响的显著性都较弱，能力要素的作用相对突出。这说明社会经济特征中不存在导致出生人口性别结构严重失衡的因素，或许其性别失衡问题受到生育文化惯性影响，我国的出生人口性别比可能会由于生育行为的惯性而在高位徘徊。

由于绝大部分环境变量均与时间高度相关，一般影响机制分析中时间因素对性别失衡演变的影响并不显著。但从时期对比的结果可以看出，控制住空间特征后时间因素在性别失衡演变中的扩散作用显著。治理因素在性别失衡演变中起到了遏制作用。意愿要素在性别失衡演变中发挥最为重要的作用。社会中的女性是否独立、是否存在针对女孩的歧视能够非常显著地影响性别失衡。但从时间的维度考察意愿要素在性别失衡演变中的作用，可以发现 2000 年之前意愿要素一直发挥着非常重要的作用，但在 2010 年的普查数据中，意愿要素的作用大大降低，这意味着我国的男孩偏好观念和针对女孩的歧视已经大大减弱，人们对胎儿生存权益的认识开始加强，性别失衡的根本动力逐渐消失。其次为效益要素。社会中男性和女性的经济地位差异能够较大幅度地影响出生人口性别结构。能力要素在性别失衡演变中的作用较弱，1990 年时公共卫生条件作为能力要素对性别失衡有影响，2000 年之后生育政策起到了挤压性别失衡的作用。

定性分析表明，中国的社会变迁具有显著的阶段性社会经济特征，既表现为每个因素都在变迁之中，也表现为不同因素变迁的快慢、剧烈程度存在差异。这些因素变迁导致性别选择行为发生和扩散的要素发生变化，包括不同性别子女的成本收益差异、人们的男孩偏好和对性别选择行为的道德法律规范，以及获取性别选择行为技术手段的能力等，进而影响出生人口性别比的变动。①制度改革探索阶段以国家主导的强制性制度变迁为核心特征：在男孩偏好文化（W）未曾削弱的情境下，该阶段的社会变迁导致家庭的功能定位乃至对子女的功能期望发生转变，男孩因具备更佳的农业劳动力价值而具有更高的净收益（R），传统实现男孩偏好的手段失去作用（A），新的技术手段（A）引进，生育性别选择行为就这样产生了。②市场经济发展阶段是以经济增长及其带来的社会形态过渡为主要特征的。在这种背景下，政策的严格执行和价值观变化共同推动了生育率的进一步下降，人口流动和家庭核心化使得儿子的养老功能开始弱化，传统代际关系转变，这些有利于淡化人们对子女净收益差异的预期（R），进而长期来看有利于弱化男孩偏好（W），但经济水平的提高也增强了人们实现生男孩意愿的能力（A）。在经济发展弱化男孩偏好的作用尚未显现之前，性别选择行为还是在人群中呈扩散趋势。③经济发展及其带来的社会形态变化的持续积累最终导致社会结构发生变迁，推动社会发展进入社会结构变迁阶段。该阶段社会变迁对性别选择行为扩散的影响呈现两种完全相反的趋势：一方面城乡和家庭结构变迁使得代际和两性关系发生转变，一般家庭中儿子女儿的养老功能此消彼长、日益接近，子女的净收益差异（R）逐渐消失，加之政府治理的介入，人们实现性别选择行为的能力（A）变弱，法律和道德规范

（W）也日渐不支持性别选择行为的发生，这些都会导致性别选择行为扩散减缓甚至消退；另一方面社会分化导致贫富差异扩大，富裕人群和贫困人群规模均在扩大，甚至阶层复制趋势日益显著，社会冲突加剧、社会治安风险扩大，这导致富人以家产继承为目的的男孩偏好（W）和行为滋长，贫困弱势阶层因为安全保障的因素提高了养育女孩的成本预期和养育男孩的收益预期（R），男孩偏好（W）重新滋长。该阶段的性别选择行为扩散和消减的两种动力并存，出生人口性别比可能出现增势放缓、徘徊不前或曲折下降的复杂态势。

因此，通过我国 1979 年至今的社会变迁与性别失衡演变分析，本书提出的理论模型得到了初步验证。人口性别结构和人们的生育行为不是独立、封闭的自运行系统，性别失衡的演变是与社会其他子系统的变迁相联系的；我国的市场经济制度改革、科技进步、经济发展和社会结构变迁改变了社会大众的生活方式，对人们的生育性别偏好及行为产生了重要影响，最终导致了性别失衡发生及其演变；导致性别失衡的原因并不是一成不变的，在社会发展的不同时期外部变迁影响性别失衡的途径不同。

从统计数据上观察，中国 1980～2010 年的出生人口性别比经历了持续攀高和增长趋势被遏制两个阶段。但从其背后动力机制分析，出生人口性别比及男孩偏好却经历了被触发、推高、遏制和重新得到支撑的复杂过程。这其中重大的社会变迁包括农村土地改革推动、计划生育政策实施、市场经济的深化、经济发展和社会结构变迁等。本研究发现，牵引出生人口性别比变动的因素是交替出现、相互叠加而产生作用的；出生人口性别比 30 多年来持续偏高的表象下，男孩偏好却有逐渐弱化的趋势；同时支撑男孩偏好的宏观因素并非一成不变的，长久以来支撑男孩偏好文化的农村父系家族制度经历了重新建立和逐渐瓦解的过程。研究发现，第六次人口普查数据显示中国的出生人口性别比在 118 的高位徘徊，一方面可以解释为"出生人口性别比上升的趋势得到了遏制"，另一方面我们有理由怀疑，新的男孩偏好支撑因素抵消了中国近 20 年的经济发展、城市化和社会发展对男孩偏好的削弱作用。也许出生人口性别比的转变过程，比之前学术界所预想的要更为复杂和曲折。

第六章　空间视角下的性别失衡演变机制

第一节　研究设计

一　研究目标

本章的研究以性别失衡的演变机制分析为核心从以下几个方面展开。

（1）应用性别失衡演变的 RWA 分析框架，明确我国性别失衡的总体演化机制。其一，即全国范围内，各地区性别失衡的主要影响因素，其中意愿要素、效益要素和能力要素分别有哪些？各类要素中哪个的作用更突出？其二，探索性别失衡影响因素的内在机制，效益要素（R）对意愿要素（W）是否有影响以及有怎样的影响？

（2）应用 RWA 分析框架，通过空间对比分析我国性别失衡的演变机制，即性别失衡如何在不同性别偏好强度的区域扩散，其影响机制存在什么不同和联系？进而梳理出不同区域的性别失衡演变机制差异。

因此，本章的内容分为总体演变机制研究和演变机制的空间对比两个小节，前者从总体上全面地分析全国范围内的空间演变机制，后者以性别失衡的严重程度（等同于性别偏好程度）的差异分类，对比分析我国性别失衡演变机制。两部分研究的结果目标一致、内容互补，共同构成我国性别失衡的演变机制。

二　变量

本章通过不同类型区域的性别失衡演变机制对比，讨论性别失衡演变的空间机制。由于区域间存在发展和环境的差异，本章将加入部分环境控制变量，其余变量的选择与第五章基本相同。

1. 因变量

本研究中的因变量为出生人口性别比和 0～4 岁人口性别比。出生人口性别结构是测量性别失衡严重程度的最佳变量，但该变量的准确性对出生人口规模有较高的要求，否则无法准确反映一个地区的性别失衡程度。因此，本章中将出生人口性别比作为参考变量在变量描述部分中涉及，以便了解我国性别失衡区域间的分布情况。0～4 岁人口性别比则反映了过去 5 年出生人口性别结构的状况，对出生人口规模的要求更宽松。本章主要以 0～4 岁人口性别比为因变量。

2. 意愿要素（W）自变量

意愿要素自变量包括了人们对男孩的偏好以及道德上对性别选择行为的接受程度。由于男孩偏好无法通过统计变量测量，本研究选择能够反映与男孩偏好直接相关的家庭文化和婚育文化变量。第五章中选择三代以上家庭户比例、女性粗离婚率、初期（1990 年）总和生育率、政策外生育率、子女存活率性别差异、男性全职家务人口比例、女性平均初婚年龄、初始女孩存活率作为意愿要素自变量。本章在空间对比中，由于每个模型的数据涉及三期数据，本章选择在时间上变迁相对缓慢的自变量，如家庭文化、生育文化和婚姻观念等，其操作化后分别为区域内三代以上家庭户比例、初期总和生育率、女性粗离婚率和子女存活率性别差异。

3. 效益要素（R）自变量

效益要素自变量主要用于测量区域内人们对子女效益差异的认识，通常包括对子女养老价值差异的认识和对经济价值差异的认识。在时间演变机制研究中效益要素自变量分别为非农业人口比例、第三产业就业人口比例、男性失业率，分别表示两性的养老和劳动力价值差异、就业中的经济和社会价值差异。本章仍旧采用相同的变量设计。

4. 能力要素（A）自变量

实现出生人口性别选择行为的能力包含信息、技术、经济支付能力和政策空间四个部分。时间演变机制中涉及的能力要素包括人均GDP对数、子女存活率、政策外生育率、开始性别失衡治理年份，时间变量不纳入模型之中，却可以通过对比分析其作用。随着时间的推移，人们对出生人口性别选择行为的认识越来越清晰，对该行为带来的效应、花费的成本和实现途径越来越了解，因此时间变量是很重要的能力要素自变量。本章将在第五章的基础上加入时间变量，分别以时间变量 t、子女存活率、人均GDP对数和区域开始治理"两非"的年份作为能力要素自变量。

5. 控制变量

由于我国存在巨大的地区差异，不同地区的社会经济发展水平迥异，这可能会影响性别失衡的演变。本章旨在探讨性别失衡演变机制中的空间差异，因此纳入教育水平作为区域环境的控制变量。具体操作化为高中以上教育程度人口比例和不识字人口比例，分别控制中高等教育的区域差异和教育贫困的区域差异。

三　数据来源

社会变迁过程中我国的社会环境同样呈现区域特征。这种空间差异源自自然环境差异和公共行政环境差异两个方面。在空间视角下分析性别失衡演变，应从区域文化差异和公共行政差异两个维度进行。其一，我国性别失衡演变相关的公共行政行为存在地区差异。其二，性别偏好文化在中国内部存在显著的地域差异。

本章的研究将分别从两方面验证。首先，使用多层线性模型分析全国所有市和省级区域的性别失衡演变中的影响因素及内在机制，对比分析研究结果，发现控制住公共行政环境差异后的性别失衡的演变机制。其次，按照性别偏好文化的强弱分类后，对比性别失衡演变机制的空间差异，发现特定性别偏好文化下的演变机制。

数据来源上，本章所使用数据与第四章实证研究部分数据来源相同。

研究方法上，性别失衡的总体影响机制可以应用多元线性回归解决两个问题：一是性别失衡的影响因素有哪些，哪些是主要影响因素；二是性别失衡的影响因素之间是否存在因果关系，如效益要素对意愿要素是否有影响，其中哪些因素的作用较为重要。在性别失衡影响因素分析中，作者分别计算其非标准化回归系数和标准化回归系数，确定影响因素的重要性排序。演变机制的空间对比研究则涉及不同区域的多层观测变量，需应用多层线性模型（HLM）分析不同类型区域的性别失衡影响因素差异。

四　模型设定

研究中的空间机制分析仍旧采用曲线增长模型，对弱偏好地区和强偏好地区分别建立同样的 RWA 机制模型，考察两类地区的性别失衡作用机制异同，通过比较分析发现我国性别失衡演变的空间机制。具体如公式 6 - 1 - 0 至式 6 - 1 - 12 所示。一层模型中，0～4 岁人口性别比作为结果变量，分别是意愿要素、效益要素和能力要素等变量的函数，这些解释变量均为连续的时变变量。其中意愿要素变量包括政策外生育率、三代以上家庭户比例、女性粗离婚率、男性全职家务人口比例、女性平均初婚年龄；效益要素变量包括非农业人口比例、第三产业就业人口比例、男性失业率；能力要素变量包括子女存活率、人均 GDP 对数和时间变量 t。本节研究的二层模型中没有纳入任何变量，二层模型可以控制每个地区自身固定因素的作用。

层一：

$Y = P0 + P1 \times t + P2 \times$ 总和生育率 $+ P3 \times$ 三代以上家庭户比例 $+ P4 \times$ 女性粗离婚率 $+ P5 \times$ 男性全职家务人口比例 $+ P6 \times$ 女性平均初婚年龄 $+ P7 \times$ 非农业人口比例 $+ P8 \times$ 第三产业就业人口比例 $+ P9 \times$ 男性失业率 $+ P10 \times$ 子女存活率性别差异 $+ P11 \times$ 子女存活率 $+ P12 \times$ 人均 GDP 对数 $+ E$ 　　　　　　(6-1-0)

层二：

$$P0 = B00 \qquad\qquad (6-1-1)$$

$$P1 = B10 \qquad\qquad (6-1-1)$$

$$P2 = B20 \qquad\qquad (6-1-2)$$

$$P3 = B30 \qquad\qquad (6-1-3)$$

$$P4 = B40 \qquad\qquad (6-1-4)$$

$$P5 = B50 \qquad\qquad (6-1-5)$$

$$P6 = B60 \qquad\qquad (6-1-6)$$

$$P7 = B70 \qquad\qquad (6-1-7)$$

$$P8 = B80 \qquad\qquad (6-1-8)$$

$$P9 = B90 \qquad\qquad (6-1-9)$$

$$P10 = B100 \qquad\qquad (6-1-10)$$

$$P11 = B110 \qquad\qquad (6-1-11)$$

$$P12 = B120 \qquad\qquad (6-1-12)$$

第二节 总体演变机制研究

一 描述分析

首先对本研究涉及的数据进行描述性分析，见表6-1。本研究采用"出生人口性别比"和"0~4岁人口性别比"作为出生人口性别结构及近5年出生人口性别结构的测量指标。统计数据显示，1990~2010年，我国各地市出生人口性别比、0~4岁人口性别比平均值分别为123.74、117.87，这说明出生人口性别比指标值总体偏高。另外，出生人口性别比、0~4岁人口性别比标准差分别为61.08、28.18，这反映了每10年（普查间隔时间）测量的出生人口性别比标准差更大，说明我国各地市出生人口性别比的差异较大，而0~4岁人口性别比的同质性较强，差异性较小。

表6-1 变量统计描述

变量	均值	标准差	最小值	最大值	变量描述
因变量					
出生人口性别结构	123.74	61.08	0	900	出生人口性别比（×100）
近5年出生人口性别结构	117.87	28.18	44.44	475	0~4岁人口性别比（×100）
意愿要素					
家庭文化	20.26	6.90	3.74	46.43	三代以上家庭户比例（%）
生育文化	-0.1239	0.6956	-2.8416	2.3785	总和生育率
婚姻观念	1.04	11.7	0	113.4	女性粗离婚率（‰）
区别对待子女	-31.568	134	-1633	1274	子女存活率性别差异（万分之一）
效益要素					
城市化进程	26.37	17.67	0.32	98.24	非农业人口比例（%）
产业结构	21.263	12.342	0.32	98.239	第三产业就业人口比例（%）

变量	均值	标准差	最小值	最大值	变量描述
男性经济地位	1.6903	2.5141	0.0038	13.7489	男性失业率（%）
能力要素					
时间变量	10	8.1689	10	20	年份 - 1980（如年份为 1990 年，则 1990 - 1980，取其差值为 10）
婴儿存活率	9703	319	7933	10000	子女存活率（万分之一）
收入水平	8.9458	1.1346	6.2758	12.1097	人均 GDP 对数
治理力度	5.6593	3.7423	0	16	开始治理"两非"的年份
其他					
教育1	18.800	8.268	3.55	55.84	高中以上教育程度人口比例（%）
教育2	11.976	10.194	1.298	71.812	不识字人口比例（%）

出生人口性别结构及 0~4 岁人口性别结构主要受到意愿、效益及能力等要素的影响。

意愿要素主要包括家庭文化、生育文化、婚姻观念、区别对待子女。本研究使用"三代以上家庭户比例"作为家庭文化因素的测量指标。总和生育率是十分重要的生育文化分析指标，可以较好地测量区域内人们对生育数量和生育性别的文化偏好。据统计，总和生育率平均为 -0.1239，最大值为 2.3785，最小值为 -2.8416。"女性粗离婚率"作为婚姻观念的测量指标，该指标值越大，反映女性的经济与思想独立意识越强，据统计，女性粗离婚率平均为 1.04‰，最高值达 113.4‰。"子女存活率差异"（男孩存活率与女孩存活率之差）反映社会的家庭中是否区别对待子女，它是一个社会中性别偏好文化的极端反映，据统计，子女存活率差异平均为 -31.568（万分之一）。

效益因素主要包括城市化进程、产业结构及男性经济地位等因素。本研究使用"非农业人口比例"作为城市化进程的测量指标，统计数据显示，非农业人口比例平均为 26.37%，最高达 98.24%，最低为 0.32%。"第三产业就业人口比例"平均为 21.263%，最高达98.239%，最低为 0.32%。"男性失业率"不仅能够衡量两性家庭地位的平等程度，更能表现社会中女性的经济地位和社会地位，是非常直接的性别平等观测指标，本研究数据显示，男性失业率平均为1.6903%，最大值为 13.7489%，最小值为 0.0038%。

能力要素主要包括时间变量、婴儿存活率、收入水平及治理力度等。婴儿存活率反映社会的家庭中是否区别对待子女，其平均值为9703（万分之一），最大值为 10000（万分之一），最小值为7933（万分之一）。本研究使用"人均 GDP 对数"作为测量收入水平的重要指标，人均 GDP 对数平均为 8.9458，最大值约为最小值的 2倍。治理力度使用"开始治理'两非'的年份"作为测量指标，该指标值平均约为 5 年，最大值约为 16 年，最小值为未开展"两非"治理工作。

此外，出生人口性别结构及近 5 年出生人口性别结构还受到教育程度因素的影响。数据显示，平均约占 18.80% 的人教育程度在高中以上，平均约为 11.98% 的人不识字。同时观察教育程度的标准差和最大值、最小值可以发现，教育程度在高中以上的人数占比的标准差更小，这说明教育程度比较近似，差异更小。

通过变量间相关系数（见表 6 - 2）分析可以得出以下结论。

（1）出生人口性别结构与 0 ~ 4 岁人口性别结构高度相关（$p < 0.001$）。

（2）出生人口性别结构与家庭文化（三代以上家庭户比例）、婚姻观念（女性粗离婚率）、两性经济地位（男性失业率）、时间变量、婴儿存活率等因素高度相关。出生人口性别结构与家庭文化之间相关性显著（$p < 0.01$），这说明 1990 ~ 2010 年，我国各地市三代以上家庭户比例越高，即在家庭文化越传统的地区，出生人口性别比越高，

表 6-2　变量间相关系数

变量	1	2	3	4	5	6	7	8	9	10	11	12	13
1. 出生人口性别结构	1												
2. 0~4 岁人口性别结构	0.39***	1											
3. 家庭文化	0.09**	0.02	1										
4. 生育文化	0.04	0.10**	-0.12***	1									
5. 婚姻观念	-0.08**	-0.08*	-0.08**	0.35***	1								
6. 区别对待子女	0.04	0.20***	0.02	-0.13***	-0.14***	1							
7. 城市化进程	-0.03	-0.01	-0.41***	0.36***	0.34***	-0.04	1						
8. 产业结构	-0.020	-0.093	-0.321***	0.433***	0.323***	-0.061+	0.814***	1					
9. 两性经济地位	0.09**	0.07*	-0.19***	0.24***	0.04	0.03	0.15***	-0.038	1				
10. 时间变量	0.07**	0.18***	0.20***	0.61***	0.28***	-0.03	0.14***	0.326***	0.01	1			
11. 婴儿存活率	0.07	0.16**	-0.09*	0.39***	0.11**	0.16**	0.31***	-0.358***	0.15***	0.47***	1		
12. 收入水平	0.05	0.10**	0.05	0.48***	0.28***	-0.08*	0.30***	0.545***	-0.29***	0.79***	-0.47***	1	
13. 治理力度	-0.03	-0.11	-0.09	0.03	0.18*	-0.04	0.04	0.333***	-0.23*	0.28***	-0.10	0.41***	1

注：***，$p < 0.001$；**，$p < 0.01$；*，$p < 0.05$；+，$p < 0.1$。

越容易出现性别歧视。出生人口性别结构与婚姻观念（女性粗离婚率）高度负相关（$p < 0.01$），这说明 1990～2010 年女性粗离婚率越高，该地区女性的经济与思想独立程度越高，越强调性别平等，越不容易出现性别歧视现象，反之亦然。出生人口性别结构与两性经济地位（男性失业率）高度正相关（$p < 0.01$），这意味着男性失业率越高的地方，越容易出现性别歧视现象。出生人口性别结构与婴儿存活率高度正相关（$p < 0.05$），这说明子女存活率越高的地方反而容易出现出生后的性别歧视。

（3）0～4 岁人口性别结构与生育文化（总和生育率）、婚姻观念（女性粗离婚率）、区别对待子女（子女存活率性别差异）、两性经济地位（男性失业率）、时间变量、婴儿存活率（子女存活率）、收入水平（人均 GDP 对数）等因素的相关性显著。其中总和生育率（$p < 0.01$）反映了区域内人们对生育数量和生育性别的文化偏好，总和生育率越高，意味着 0～4 岁人口性别比越高，越容易出现性别歧视。0～4 岁人口性别结构与婚姻观念（女性粗离婚率）高度负相关（$p < 0.01$），说明女性粗离婚率越高，0～4 岁人口性别比越低，越不容易出现性别歧视现象。0～4 岁人口性别结构与子女存活率差异高度正相关（$p < 0.001$），意味着较高的子女存活率性别差异，表明该地区存在较为严重的针对女孩的性别歧视。0～4 岁人口性别结构与男性失业率相关性较为显著（$p < 0.05$），说明男性失业率越高，0～4 岁人口性别比越高，反而越容易出现性别歧视。0～4 岁人口性别结构与婴儿存活率高度正相关（$p < 0.001$），说明子女存活率越高的地方反而容易出现出生后的性别歧视。0～4 岁人口性别结构与收入水平也高度正相关（$p < 0.01$），这说明经济收入高的地区反而容易出现出生后的性别歧视。

（4）由此可见，出生人口性别结构与 0～4 岁人口性别结构均与婚姻观念（女性粗离婚率）、两性经济地位（男性失业率）、时间变量、婴儿存活率（子女存活率）因素有很强的相关性，其中出生人口性别结构与 0～4 岁人口性别结构仅与婚姻观念（女性粗离婚率）高度负相关，与其他均为正相关。

二 一般影响因素分析

对所有变量进行全样本中心化（Ground Centered）处理，构建三层线性模型（公式 6－2－0 至式 6－2－14）。本章也尝试在模型中加入时间变量的二次项，但是由于区域重复测量次数比较低，最多只有 3 次，时间的二次项并不统计显著。因此，在这里使用一元线性增长模型来对性别失衡随时间的演变轨迹进行拟合是最优的估计方法。模型分析结果如表 6－3 所示。

表 6－3　模型分析结果

变量	回归系数	
	非标准化回归系数	标准化回归系数
总样本（N）	734	734
固定效应		
截距	111.23***	111.23***
意愿要素（W）		
总和生育率	－4.06+	－0.09+
三代以上家庭户比例	－0.45	－0.10*
女性粗离婚率	－5.19***	－0.17***
男性全职家务人口比例	2.80	0.06
女性平均初婚年龄	－0.87	－0.05
子女存活率性别差异	0.04**	0.13***
初期总和生育率	1.96	0.05
初始女孩存活率	－26.40	－0.03

续表

变量	回归系数	
	非标准化回归系数	标准化回归系数
效益要素（R）		
非农业人口比例	0.33	0.18
第三产业就业人口比例	−0.40*	−0.37*
男性失业率	−4.00+	−0.33+
能力要素（A）		
时间变量	6.80	8.72
人均 GDP 对数	3.09	0.12
子女存活率	−15.61	−0.02
政策外生育率	1.51	0.023
开始性别失衡治理年份		
*初始生育率	0.35	0.02
*生育政策	−1.92+	0.04+
随机效应		
Deviance	7006.60	− − − −

注：***，$p < 0.001$；**，$p < 0.01$；*，$p < 0.05$；+，$p < 0.1$。

层一：

$Y = P0 + P1 \times t + P2 \times$ 总和生育率 $+ P3 \times$ 非农业人口比例 $+ P4 \times$ 第三产业就业人口比例 $+ P5 \times$ 男性失业率 $+ P6 \times$ 三代以上家庭户比例 $+ P7 \times$ 女性粗离婚率 $+ P8 \times$ 男性全职家务人口比例 $+ P9 \times$ 女性平均初婚年龄 $+ P10 \times$ 子女存活率性别差异 $+ P11 \times$ 子女存活率 $+ P12 \times$ 人均 GDP 对数 $+ P13 \times$ 开始性别失衡治理年份 $+ E$　　　　（6−2−0）

层二：

$$P0 = B00 + B01 \times 初始女孩存活率 + U0 \qquad (6-2-1)$$

$$P1 = B10 \qquad (6-2-2)$$

$$P2 = B20 \qquad (6-2-3)$$

$$P3 = B30 \qquad (6-2-4)$$

$$P4 = B40 \qquad (6-2-5)$$

$$P5 = B50 \qquad (6-2-6)$$

$$P6 = B60 \qquad\qquad (6-2-7)$$

$$P7 = B70 \qquad\qquad (6-2-8)$$

$$P8 = B80 \qquad\qquad (6-2-9)$$

$$P9 = B90 \qquad\qquad (6-2-10)$$

$$P10 = B100 \qquad\qquad (6-2-11)$$

$$P11 = B110 \qquad\qquad (6-2-12)$$

$$P12 = B120 \qquad\qquad (6-2-13)$$

$$P13 = B130 + B131 \times 初始生育率 + B132 \times 生育政策 + U13 \qquad (6-2-14)$$

通过表6-3中的一般影响因素分析结果可以得出以下结论。

(1) 意愿要素对0~4岁人口性别比的影响最为显著。其中女性粗离婚率越高，0~4岁人口性别比就越低，表明在女性独立意识强的地区，较少出现性别失衡问题；子女存活率性别差异对因变量有非常显著的加剧作用（$p < 0.001$），女孩存活率相对男孩存活率每降低千分之一，0~4岁人口性别比增加0.04。结合标准化回归系数分析，意愿要素中女性粗离婚率对性别失衡的影响最为重要，女性独立意识提高对0~4岁人口性别比的抑制作用最大。

(2) 效益要素包括城乡结构、产业结构和男性就业三个维度。通过结果中的标准化回归系数可以看出，该要素对0~4岁人口性别比的影响最大。其中对性别结构失衡问题影响最大的是产业结构：各地市的第三产业就业人口比例每提高1个百分点（通常意味着就业时女性遭遇的歧视越少），0~4岁人口性别比会降低0.4个百分点。其次，男性就业对性别结构也有重要影响，区域内男性失业率每提高1个百分点，0~4岁人口性别结构将下降4个百分点，且该变量的作用仅次于产业结构。城乡结构对出生人口性别结构没有显著影响。

(3) 能力要素对性别结构不存在显著影响，尽管时间变量对0~4岁人口性别结构的标准化回归系数高达8.72，其作用却并不显著。尽管我国出生人口性别比偏高问题的时间扩散现象十分明显，但本模型无法证实时间的显著作用。

总体来看，意愿要素和效益要素对我国的出生人口性别结构影响最大，意愿要素中女性粗离婚率和子女存活率性别差异的影响最为显著，这说明一个社会中的女性是否独立、是否存在针对女孩的歧视能够非常显著地影响性别失衡。第三产业就业人口比例、男性失业率等效益要素对性别失衡的影响最大，这表明社会中男性和女性的经济地位差异能够较大幅度地影响出生人口性别结构。

三　影响因素内在机制

按照本研究提出的性别失衡演变的 RWA 理论框架，意愿要素随时间变迁缓慢，除了受到经济发展和社会进步的宏观环境影响，同时随着效益要素改变而发生变化。作者使用二层个体增长模型分别分析城市化、产业结构和男性失业三个重要效益要素对各意愿要素的影响，将时间变量 t、人均 GDP 和教育作为控制变量纳入模型。其中城市化、产业结构和男性失业分别使用非农业人口比例、第三产业就业人口比例、15 岁以上男性失业率作为测量变量。该作用机制研究的模型具体如公式 6 – 3 – 1 至式 6 – 4 – 6 所示：一层模型中，意愿要素变量（以 Wi 表示）分别是时间变量、人均 GDP 和各效益要素的函数（由于男性失业率与男性全职家务人口比例相关性极强，故未将前者纳入后者的解释模型）；一个区域内人口受教育程度相对稳定，本研究将高中以上教育程度人口比例作为二层变量纳入模型，解释截距的变化。

层一：

$Wi = P0 + P1 \times t + P2 \times$ 人均 GDP 对数 $+ P3 \times$ 非农业人口比例 $+ P4 \times$ 第三产业就业人口比例 $+ P5 \times$ 男性失业率 $+ E$ （6 – 3 – 1）

其中 Wi 为:非农业人口比例、第三产业就业人口比例、15 岁以上男性失业率

层二:

$$P0 = B00 + B01 × 高中以上教育程度人口比例 + R0 \qquad (6-4-1)$$

$$P1 = B10 \qquad (6-4-2)$$

$$P2 = B20 \qquad (6-4-3)$$

$$P3 = B30 \qquad (6-4-4)$$

$$P4 = B40 \qquad (6-4-5)$$

$$P5 = B50 \qquad (6-4-6)$$

在公式 6-3-1 中,截距项 P0 是所有解释自变量为 0 时 Wi 的取值,由于各类解释变量均为现实社会中确实存在的统计指标,不可能同时为零,故截距项的值没有意义。P1 为观测年份每推后 1 年(每两个观测期间隔 10 年)Wi 变化率的期望值;P2 代表区域内人均 GDP 对数每增加 1(即人均 GDP 增长 e-1 倍,e 约为 2.718),Wi 变化率的期望值;P3 表示区域内非农业人口比例每增加 1%,Wi 增加的期望值;P4 表示第三产业就业人口比例每增加 1%,Wi 变化的期望值;同理,P5 表示男性失业率每增加 1%,Wi 的变化期望值。B01 为二层模型中唯一的估计参数,表示区域高中以上教育程度人口比例每增加 1%,Wi 的一层模型中截距变化的期望值,也即 Wi 的变化期望值。E 是在某时间点上的个体内随机误差。我们也尝试在模型中加入时间变量的二次项,但是由于区域重复测量次数比较低,最多只有 3 次,时间的二次项并不统计显著。

依据本研究的理论框架,性别选择行为扩散的 RWA 模型中,意愿因素受到效益因素的影响,当生育男孩能够带来更大的效用时,男孩偏好文化会逐渐增强;当生育男孩不能带来更大效用时,男孩偏好文化会逐渐变弱,这就解释了需求供给理论中的需求因素转变。对照本章模型分析结果(见表 6-4),我们得出以下结论。

表 6 - 4 效益要素对意愿要素的影响

变量	政策外生育率 B	(SE)	三代以上家庭户比例 B	(SE)	女性粗离婚率 B	(SE)	男性全职家务人口比例 B	(SE)	女性平均初婚年龄 B	(SE)	子女存活率性别差异 B	(SE)
截距	0.727**	0.251	28.233***	2.520	1.119*	0.472	1.217***	0.267	19.661***	0.810	1.813	68.889
控制变量												
t	-0.045***	0.005	0.283***	0.045	0.061***	0.008	0.280***	0.027	-0.052***	0.015	0.436	1.249
人均 GDP 对数	0.025	0.035	-0.582+	0.347	-0.141**	0.065	0.103**	0.038	0.144	0.113	-3.733	9.614
高中以上教育程度人口比例	0.006	0.004	-0.137*	0.498	0.01	0.00009	0.009*	0.004	0.034*	0.013	1.126	1.231
效益要素												
非农业人口比例	-0.008***	0.002	-0.047*	0.023	0.016**	0.004	0.008***	0.002	-0.016*	0.007	0.455	-0.611
第三产业就业人口比例	-0.008**	0.003	-0.052+	0.028	-0.0007	0.006	-0.030***	0.003	0.030**	0.010	-1.730*	0.823
男性失业率	-0.067***	0.009	-0.556***	0.084	-0.0009	0.012			0.160***	0.031	-0.915	1.851
sigma_u	0.279		0.044		0.008		0		0.583		0.0009	
sigma_e	0.402		0.035		0.006		0.549		1.495		0.011	
rho	0.326		0.618		0.619		0		0.132		0.392	
R - sq: within	0.600		0.276		0.293		0.342		0.237		0.012	
between	0.271		0.262		0.220		0.060		0.088		0.021	
overall	0.460		0.256		0.235		0.213		0.182		0.013	
Wald 卡方值	822.23		294.12		267.11		216.94		186.56		10.29	
N of obs	781		809		808		809		799		809	
N of groups	294		308		308		308		306		308	

注: ***, $p < 0.001$; **, $p < 0.01$; *, $p < 0.05$; +, $p < 0.1$。

（1）政策外生育率是十分重要的生育行为分析指标，可以较好地测量区域内人们对生育数量和生育性别的文化偏好。依据文化变迁理论，前期形成的文化规范和偏好，在没有外在效益因素支撑时，会随着时间慢慢弱化直至消亡；已有的人口转变理论表明，经济发展和社会进步都会导致传统生育文化弱化。因此，依据理论分析，本模型中纳入的控制变量和 Ri 变量均会影响政策外生育率水平。从模型分析结果可以看出，时间变量 t 对政策外生育率有显著的抑制作用，1990～2010 年，我国各地市的政策外生育率每年减小 0.045，即每次普查的政策外生育率比上次降低 0.45，这说明时间对传统生育文化有持续、明显的弱化作用。人均 GDP 对数、高中以上教育程度人口比例在模型中的系数均为正值，但作用并不显著，这与"发展是最好的避孕药"的理论假设不符。效益要素中，城市化、产业结构和男性失业均对生育文化有显著影响。其中，非农业人口比例每增加 1%，政策外生育率就降低 0.008，其文化抑制作用十分显著；第三产业就业人口比例每增加 1%，政策外生育率亦降低 0.008，作用显著；男性失业率每增加 1%，政策外生育率降低 0.067，作用十分显著。

（2）家庭模式是观测家庭文化传统程度的重要指标，在家庭文化较传统的地区，人们更喜欢多代人共同居住，在现代家庭文化盛行的地区，三口之家、丁克家庭甚至单身家庭比例更高（徐安琪、叶文振，2002）。本研究使用"三代以上家庭户比例"作为家庭模式的观测变量，研究效益变量、环境变量及时间变量对它的共同影响。模型分析结果表明：时间变量对传统家庭模式有显著的强化作用，1990～2010 年，我国各地市三代以上家庭户比例每年提高 0.283%，这意味着每 10 年（普查间隔时间）该比例提高 2.83%，该现象背后的社会意义需要进一步讨论。环境因素中，经济发展和社会进步会冲击传统家庭模式，地区内人均 GDP 对数每增加 1 个单位，三代以上家庭户比例将减少 0.582% ；高中以上教育程度人口比例每增加 1% ，三代以上家庭户比例将显著减少 0.137% 。效益要素中，城市化、产业结构和男性失业对传统家庭模式确实存在较显著的冲击作用：非农业人口比例每增加 1% ，三代以上家庭户比例降低 0.047% ；第三产业就业人口比例每增加 1% ，该类家庭户比例降低 0.052% ；男性失业率每增加 1% ，该家庭户比例则降低 0.556% ，作用十分显著。

（3）一个社会中，女性独立是非常重要的性别平等测量指标。区域内女性粗离婚率水平，能够综合反映该地区女性的经济与思想独立程度。自 1970 年代末我国改革开放始，女性独立与婚姻自由的思潮从西方涌入并扩散开来，我国离婚率开始逐年上升。因此，时间变量、经济增长和教育水平提高等因素会促进离婚率攀升，而各类效益要素也会改变女性独立意识，推高女性粗离婚率。经实证数据分析，模型结果表明：我国地级市的女性粗离婚率确实存在显著的时间扩散效应，1990～2010 年，女性粗离婚率每年增加 0.061‰，即每 10 年（普查间隔时间）增加 0.61‰。但经济增长并没有促进女性独立，实证结果表明，人均 GDP 对数每增加 1 个单位，女性粗离婚率降低 0.141‰——这也许表明，我国的经济增长过程是两性经济地位差异扩大的过程。高中以上教育程度人口比例对该解释变量没有显著影响，表明在我国区域内离婚率与其教育水平无关。效益要素中，产业结构与男性失业对离婚率水平没有显著影响，但城市化对解释变量的作用显著。非农业人口比例每提高 1% ，区域内的女性粗离婚率将提高 0.016‰。

（4）男性全职家务人口比例不仅能够衡量两性家庭地位平等程度，更能表现社会中女性的经济地位和社会地位，是非常直接的性别平等观测指标。由于男性全职家务人口比例与男性失业率相关性极高（从人口结构上看，后一人群包含前一人群），本模型中去除了男性失业率这一自变量，以更好地分析各环境变化及效益变量的作用。模型结果表明，时间变量、经济增长和教育发展对男性全职家务人口比例均有显著的促进作用。按照参数估计结果，各区域每年男性全职家务人口比例提高 0.280%，人均 GDP 对数每增加 1 个单位，该人口比例将提高 0.103%，而高中以上教育程度人口比例每提高 1% 会使男性全职家务人口比例增加 0.009%。效益要素对该变量也有显著影响，城市化进程使得男性全职做家务的现象日益普遍，非农业人口比例每增加 1%，该人口比例将增加 0.008%。相反，现代化的产业结构却会降低男性全职家务人口比例，第三产业就业人口比例每增加 1%，该人口比例降低 0.03%——或许第三产业的发展提高了区域内的人口就业率，使男性全职家务人口比例下降。

（5）初婚年龄能够反映一个社会的婚姻和家庭文化变迁情况，女性平均初婚年龄的变化则同时反映女性婚恋观念与经济独立程度的改变。已有研究表明，我国的女性平均初婚年龄呈逐年升高趋势，从出生队列角度分析，女性的出生年代越晚，平均初婚年龄越大。女性平均初婚年龄还受到家庭文化、教育水平、职业阶层和经济能力等诸多因素的影响。本研究以时间变量、经济增长和教育水平作为控制变量，关注效益要素对女性平均初婚年龄的影响。实证分析结果表明，女性平均初婚年龄存在显著的时间增长效应，教育水平提高对延后女性平均初婚年龄也起到显著作用，但经济发展水平对该解释变量并没有显著影响。我国各地市的女性平均初婚年龄每年增长 0.052 岁，高中以上教育程度人口比例每提高 1%，女性平均初婚年龄延后 0.034 岁。效益要素中，城市化和男性失业对女性平均初婚年龄推后均有显著作用，产业结构现代化却可以显著延后女性的初婚年龄，第三产业就业人口比例每提高 1%，社会女性平均初婚年龄推后 0.03 年。第三产业的发展会直接影响女性的就业率和收入状况，经济独立后的女性乐于享受自由的单身生活，更加倾向于晚婚。依据本研究的文献综述，女性初婚年龄主要取决于个人出生队列、教育、职业阶层和家庭资源等，本节的研究发现，女性平均初婚年龄同时受产业结构等宏观因素影响。

（6）子女存活率性别差异（男孩存活率与女孩存活率之差）反映出一个社会中家庭是否会区别对待子女，如在日常照料、营养支持和医疗健康等方面的区别对待。从生物医学的角度讲，男性在婴幼儿和成人阶段的死亡率均高于女性，因此子女存活率性别差异应该显著为负值。但是严重歧视女孩的地区会出现男孩死亡率降低、女孩死亡率偏高的现象，导致子女存活率性别差异缩小，甚至变为正值。子女存活率性别差异出现异常，表明该地区存在较为严重的性别歧视，是一个社会中性别文化偏好的极端反映。这里将时间变量、经济增长、教育发展以及效益要素纳入子女存活率性别差异的机制分析模型，实证分析结果表明：控制变量对子女存活率性别差异没有显著影响，效益要素中仅有产业结构对该变量有显著影响。第三产业就业人口比例每增加1%，男性存活率相比女性降低1.730‰，这也意味着女性存活率相比男性上升了1.730‰，这说明一个社会的存活率性别差异主要受到生产方式的影响，经济、教育和城市化等因素对其没有显著影响。

基于分析发现，绝大部分意愿要素受到效益要素的显著影响。其中，三个效益要素均对政策外生育率、三代以上家庭户比例、男性全职家务人口比例等因素有显著影响，非农业人口比例与男性失业率的影响作用尤为显著，第三产业就业人口比例的作用次之；城市化对女性粗离婚率提高有显著的促进作用，第三产业的发达程度能显著缩小存活率性别差异。因此，在本研究的理论模型中关于效益要素对意愿要素的影响的假设得到了验证。

第三节   演变机制的空间对比

一   描述分析

根据本书第五章的研究发现，根据性别失衡视角下的人口转变的不同模式，我国的各省份可以分为重度失衡型、中度失衡型、轻度失衡型和突变型四类。其中敏感型省份 10 个，分别为广西、广东、安徽、海南、河南、江西、陕西、湖北、福建和河南；同步型省份 7 个，分别为河北、甘肃、四川、山东、浙江、内蒙古、贵州；迟缓型省份 6 个，分别为吉林、辽宁、黑龙江、宁夏、青海、新疆；另有突变型省份 6 个，即云南、山西、江苏、北京、天津和上海。通过理论分析可以得出，敏感型省份的男孩偏好等性别选择行为意愿较强，而同步型和迟缓型省份的性别选择行为意愿相对较弱，突变型省份的人口转变模式规律尚不明确，固无法确定其性别选择行为意愿与性别失衡的关系。因此，本章将全国的地市分为强偏好地区和弱偏好地区两类，其中强偏好地区包含了敏感型省份的 378 个地级市，弱偏好地区包含同步型和迟缓型省份的 492 个地级市。通过对比分析两类地区及全国总体的性别失衡影响因素差异，得出我国的性别失衡空间演变机制。

在进行机制研究之前，本节首先对比分析两类地区社会经济环境差异。根据表 6 - 5，对两类地区的主要变量进行描述性对比分析发现以下几点。①相比弱偏好地区，强偏好地区的性别失衡问题严重得多，后者比前者的出生人口性别比高出近 17，其中 0 ~ 4 岁人口性别比也要高出 6.6。②强偏好地区的家庭模式相对更加传统，该类地区三期观测得到的三代以上家庭户比例均值为 22.2%，而弱偏好地区的

表 6 - 5　分区域的数据描述

变量	强偏好地区					弱偏好地区				
	N	均值	标准差	最小值	最大值	N	均值	标准差	最小值	最大值
出生人口性别比	378	134.12	66.64	0	900	483	117.51	58.21	0	700
0～4岁人口性别比	378	122.73	21.95	66.66	240	492	116.13	33.41	44.44	475
三代以上家庭户比例	378	22.16	5.79	6.17	40.79	492	18.08	0.07	0.03	0.46
政策外生育率	375	-0.29	0.72	-2.84	1.05	481	0.02	0.68	-2.68	2.38
女性粗离婚率	377	0.59	0.47	0	3.13	492	1.32	0.01	0	0.11
子女存活率性别差异	378	-8.11	82.41	-4.56	2.57	492	-33.54	0.01	-0.08	0.06
非农业人口比例	378	22.96	13.06	1.16	88.18	492	30.00	0.19	0.003	0.98
第三产业就业人口比例	378	20.44	11.26	2.09	76.14	492	22.48	12.83	2.776	96.53
男性失业率	378	1.65	2.36	0.01	9.38	492	1.77	2.71	0.004	13.75
时间变量 t	378	20	8.17	10	30	492	20	8.17	10	30
子女存活率	378	9762	206	8977	10000	492	9710	306	8072	10000
人均 GDP 对数	332	8.87	1.10	6.27	11.42	405	8.97	1.167	6.31	12.11
开始性别失衡治理年份	91	5.89	3.19	0	10	78	5.40	4.50	2	16

均值为 18.1%，且弱偏好地区该指标的标准差更小，这说明该类地区的家庭文化比较近似，差异更小。③虽然强偏好地区的家庭文化和生育文化更加传统，其政策外生育率均值却仅为 - 0.29，弱偏好地区的政策外生育率三期均值为 0.02，这或许是强偏好地区的计划生育政策执行力度更大导致的。④弱偏好地区的女性粗离婚率、非农业人口比例、第三产业就业人口比例、男性失业率和人均 GDP 对数更高，子女存活率性别差异更大（男孩相比女孩存活率更低），这说明弱偏好地区的社会经济发展水平更高，两性社会经济地位更加平等。⑤观察所有变量的标准差和最大值、最小值可以发现，总体上弱偏好地区各环境变量的标准差更大，这说明强偏好地区在社会经济发展方面同质性较强，而弱偏好地区各市的环境差异较大。因此，与弱偏好地区相比较，强偏好地区的性别失衡问题较严重，该地区宏观环境较为相似，拥有较为传统的生育文化和家庭文化，计划生育政策执行更加严格，但社会经济发展水平相对弱偏好地区较差，女性的社会经济地位也相对较低。

总之，两类地区在社会经济环境方面存在较大的差异。在弱偏好地区，社会经济发展水平更高，现代化、工业化、城市化进程快速发展，该地区人均 GDP 对数、第三产业就业人口比例、非农业人口比例、男性失业率、女性粗离婚率等指标值偏高，同时现代家庭文化盛行，男孩偏好文化变弱，性别失衡问题不显著。然而在强偏好地区，社会经济发展水平较低，产业结构落后，城市化进程较慢，该地区人均 GDP 对数、第三产业就业人口比例、非农业人口比例、男性失业率、女性粗离婚率等指标值偏低，同时传统的婚姻和家庭模式存在较为严重的针对女孩的性别歧视，性别失衡问题较严重，性别失衡态势急速加剧。

二　结果与分析

模型分析的结果见表6-6。意愿要素对两类地区的性别失衡演变均有显著影响，但发生作用的具体因素不同。就全国总体来看，女性粗离婚率和子女存活率性别差异是统计显著变量：女性粗离婚率越高，即女性婚姻越独立，出生人口性别结构越平衡；子女存活率性别差异越大，及男孩存活率相比女孩存活率增加，出生人口性别结构失衡越严重。弱偏好地区的发现与全国的十分相似，该类地区中女性粗离婚率每提高1‰，0~4岁人口性别比降低4.58；男孩存活率相比女孩每增加万分之一，0~4岁人口性别比增加0.059。强偏好地区的意愿要素对性别失衡的影响略有差异，该类地区的存活率性别差异同样有推高性别失衡的作用，相比女性粗离婚率对因变量的影响，女性平均初婚年龄的提高对性别失衡有更加显著的抑制作用。这大概由于强偏好地区的婚姻观念更传统，女性粗离婚率变量无法体现区域内性别文化的差异，但女性平均初婚年龄提高往往意味着女性教育水平提高、个人经济能力加强，从另一方面体现出女性独立性（徐安琪、叶文振，2002）。因此，两类地区的女性独立程度提高同样对促进出生人口性别结构平衡有显著作用。

表6-6　性别失衡影响因素的区域差异

变量	弱偏好地区		强偏好地区	
N of obs/N of groups	389/155		316/125	
意愿要素				
政策外生育率	3.733		-0.96	
三代以上家庭户比例	-29.195		-32.06	
女性粗离婚率	-4.58	**	-5.15	+
男性全职家务人口比例	0.47		-0.04	

续表

变量	弱偏好地区		强偏好地区	
女性平均初婚年龄	1.47		− 2.67	**
子女存活率性别差异	0.059	***	0.041.97	**
效益要素				
非农业人口比例	0.45	**	− 12.989	
第三产业就业人口比例	− 0.90	***	0.064	
男性失业率	− 1.38	+	2.017	*
能力要素				
子女存活率	− 0.02	+	0.023	**
人均 GDP 对数	2.433		− 0.80	
时间变量 t	0.707	+	1.043	**
_ cons	222.41	**	− 47.49	

注：***，$p < 0.001$；**，$p < 0.01$；*，$p < 0.05$；+，$p < 0.1$。

对能力要素的作用进行对比分析发现，弱偏好地区的能力要素对其性别失衡水平没有显著影响，强偏好地区的模型结果显示医疗技术水平对性别失衡问题有显著影响。子女存活率是非常有效的公共卫生水平测度指标，在强偏好地区中，子女存活率水平每提高1‰，0~4岁人口性别比提高0.231。由于技术随时间在区域内扩散，时间变量能够代表 B 超性别鉴定及堕胎技术的普及程度，强偏好地区的0~4岁人口性别比每年增加1.043，这意味着每次观测到的性别比值相比上次增加10.43。前文中对两类地区的社会经济环境对比已经发现，弱偏好地区的平均社会经济发展水平较高，强偏好地区社会经济发展水平则较低，而能力要素在后类地区能够显著影响性别结构，在前类地区则不起作用。这表明在我国的性别失衡空间演变中，能力要素对性别失衡的作用机制确实存在短板效应。

效益要素在两类地区的性别失衡机制中起到的作用存在显著差异。弱偏好地区的效益要素显著影响出生人口性别结构，产业结构现代化和男性失业率提高，有利于性别结构平衡。其中第三产业就业人口比例每提高1%，0~4岁人口性别比的期望值降低0.90，男性失业率每提高1%，0~4岁人口性别比的期望值降低1.38。但该类地区非农业人口比例越高，性别失衡越严重，而本研究的理论假设认为"城市化进程会缩小男女在家庭中的效用，有利于性别平衡"，两者不一致。我国自1990年后人口流动加剧，经济落后地区农村育龄人口大量流入经济发达地区的城市，这或许导致了弱偏好地区的城市社会出现出生人口性别结构失衡现象。而强偏好地区的效益要素对性别失衡的影响没有弱偏好地区那么显著，这说明在意愿要素不太强的地区，效益要素能起到显著作用。也就是说，牵引人们进行性别选择行为的动力因素，首先是强烈的男孩偏好文化和女孩歧视观念（意愿要素），只有在男孩偏好文化较弱的地区，子女价值和收益差异（效益要素）才会起到推动性别选择行为的作用。

综上所述，在两类地区的性别失衡影响机制中，意愿要素起作用的变量有差异，但内在机制相同。强偏好地区能力要素作用较为显著，弱偏好地区的能力要素作用较弱，尤其公共卫生的发展没有起到技术供给作用。弱偏好地区的效益要素作用显著，强偏好地区的效益要素则不起作用。

空间分析表明，我国性别失衡的RWA演变机制中，确实存在短板效应，但该效应主要体现在效益要素和能力要素的关系中，在意愿要素对出生人口性别结构的影响中并无作用。这或许是由于我国大部分地区存在或强或弱的男孩偏好和女孩歧视文化，人们不尊重胎儿的生存权，从而意愿要素在空间机制中无法体现短板效应。

第四节　小结

通过全国性的影响机制分析发现，意愿要素和效益要素对我国的出生人口性别结构影响最大，意愿要素中女性粗离婚率和子女存活率性别差异的影响最为显著，这说明在我国各市性别失衡演变的影响因素中女性是否独立、是否存在针对女孩的歧视影响最为显著。第三产业就业人口比例、男性失业率等效益要素对性别失衡的影响最为重要，这表明社会中男性和女性的经济地位差异能够较大幅度地影响出生人口性别结构。

同时，性别失衡的影响因素之间存在因果关系，绝大部分意愿要素均受到效益要素的显著影响。其中，三个效益要素均对政策外生育率、三代以上家庭户比例、男性全职家务人口比例等因素有显著影响，非农业人口比例与男性失业率的作用尤为显著，第三产业就业人口比例的作用次之；城市化对女性粗离婚率提高有显著的促进作用，第三产业的发达程度能显著缩小存活率性别差异；女性平均初婚年龄的解释模型发现，时间变量 t 起到显著的延迟初婚年龄的作用，各效益要素没有显著影响。因此，本研究的理论模型中，关于效益要素对意愿要素的影响的假设得到了验证。

区域对比分析中，在两类地区的性别失衡影响机制中，意愿要素起作用的变量有差异，但内在机制相同。强偏好地区能力要素作用较为显著，弱偏好地区的能力要素作用较弱，尤其公共卫生的发展没有起到技术供给作用。弱偏好地区的效益要素作用显著，强偏好地区的效益要素则不起作用。这表明，我国性别失衡的 RWA 演变机制中，确实存在短板效应，但该效应主要体现在效益要素和能力要素的关系中，在意愿要素对出生人口性别结构的影响中并无作用。这或许是因为我国大部分地区存在或强或弱的男孩偏好和女孩歧视文化，人们不尊重胎儿的生存权（程广超，2009），意愿要素在空间机制中无法体现短板效应。理论假设认为，现代化与工业化有益于平衡性别结构，空间对比分析没有验证该假设，反而得出与假设相反的结果。这或许是因为我国自 1990 年代起大量农村人口涌入城市务工，其中相当一部分年轻夫妇在城市生育子女，他们往往仍旧保留农村地区的生育文化与行为，从而城市地区的生育统计变量发生变化（伍海霞等，2006；刘爱玉，2008；庄渝霞，2008）。城市化越高的地区，流入人口越多，其环境变量越容易偏离城市化与生育行为关系的假设。

第七章 结论和政策启示

第一节 研究结论

一 性别失衡演变过程

通过从时空两个维度分析全国和区域的历年性别比与生育率的变动关系，本书提出的两个假设基本得到了验证，中国存在性别失衡演变过程，即在生育率下降的背景下性别比开始偏高并发生演变，其演变过程呈现阶段特征，且存在不同的区域类型。具体表现在以下几个方面。

第一，中国存在一种以出生人口性别结构变动为特征的性别失衡演变过程，性别比转变存在"上升—徘徊—下降"的三阶段特征。引入性别偏好的视角后，本书发现中国的性别比伴随着生育率的下降出现了偏高现象，并在人口转变的进程中发生演变。Guilmoto 认为亚洲的性别比转变会存在"上升—徘徊—下降"的三阶段特征。本书验证了中国的性别比转变不仅存在上升和徘徊阶段，同时发现中国性别比的上升阶段还存在两个亚阶段，即低位徘徊上升阶段和快速上升阶段。虽然中国性别比转变在经历约 18 年的上升期和约 10 年的徘徊期后，目前尚未进入下降期，但中国的辽宁、广东、海南、广西等省份2005 年的性别比相比前期有不同程度的下降，浙江、山东等省份已经出现了连续 10 年以上的性别比下降情况，这表明性别比转变存在一个完整的三阶段。由于数据的局限，本书未能完整地给出性别比下降阶段的具体特征，但是由于男孩偏好文化刚性的存在，以及不同空间区域内男孩偏好文化刚性强弱的差异，可以肯定性别比转变的下降阶段存在多种形态。例如韩国性别比转变的下降阶段就可以分解为早期的快速下降和晚期的低位徘徊下降两个阶段。

第二，由于生育空间的区域差异，中国带有性别偏好的性别失衡演变过程还存在区域类型。根据人口转变过程中性别比偏高起点对应的生育率水平和性别比峰值，本书获得了四类人口转变区域类型，分别是：重度失衡型、中度失衡型、轻度失衡型和突变型。其中重度失衡型性别比转变发生在生育率还处于高位水平阶段，具有攀升速度快、幅度大、峰值高等特点；轻度失衡型性别比转变始于生育率下降至更替水平之后，具有攀升速度缓慢、幅度小、峰值较低的特点；中度失衡型性别比转变介于以上两种类型之间，其性别比转变开始时生育率基本处于更替水平，攀升速度和幅度中等，性别比的峰值为120～130，随后进入徘徊期和下降期。突变型地区的性别失衡演变并不存在一种规律性的特征，其性别比转变具有突变性。

本书还有两点发现值得进一步讨论。其一，在外在环境的影响下，性别比转变既存在规律性，也存在突变性。从时间的维度来看，无论是中国性别失衡演变的整体模式，还是各区域的分类型都存在Guilmoto 提出的性别比转变三阶段；从空间来看，由于时空的差异性，不同区域性别比转变又具有不同的特点，性别比偏高发生的阶段、位置，以及性别比偏高的高度和持续的时间长度都存在空间差异。与此同时，在城乡人口流动等宏观环境的影响下，部分省市的性别比转变的态势发生了较为严重的扭曲，呈现的特点超出了性别比转变的一般性规律，例如北京、上海和天津的性别比转变就表现出在超低生育率的变动下性别比出现快速、大幅的上升，背离了性别比变动的一般规律的情况。这些都表明，未来中国性别失衡演变除了受到文化的影响外，经济体制、产业结构、经济发展水平、城市化水平、社会发展水平等因素的影响会越来越大，这也有待于未来深入研究。其二，性别失衡演变可能存在多样性的变动阶段。Guilmoto 在变化的趋势上对性别比转变的阶段进行了总结，却没有详细考察生育率与性别比互动。本书将在中国性别失衡演变分析中引入生育率变动的环境信息，通过考察性别比对生育率变化的反应，既在经验上验证了性别失衡演变过程及性别比转变阶段论的理论命题，又有新的发现。例如中国性别比转变在上升阶段就呈现两阶段特征，即徘徊上升和快速上升阶段。由于目前中国的性别失衡演变还未完成，其演变模式具体呈现何种形态和特征还需要进一步的研究。

二　性别失衡的时间演变机制

我国性别失衡的影响机制呈现时期差异。我国的出生人口性别结构失衡问题自 1980 年代初至今经历了 30 余年的演变，从时间的维度考察意愿要素在性别失衡演变中的作用，发现 2000 年之前意愿要素一直发挥着非常重要的作用，但在 2010 年的普查数据中，意愿要素的作用大大减小。这意味着我国的男孩偏好观念和针对女孩的歧视已经大大减弱，人们对胎儿生存权益的认识开始加强，性别失衡的根本动力逐渐消失。其次为效益要素。社会中男性和女性的经济地位差异能够较大幅度地影响出生人口性别结构。但从时期对比的结果可以看出，控制住空间特征后时间因素在性别失衡演变中的扩散作用显著。

治理因素在性别失衡演变中起到了遏制作用。意愿要素在性别失衡演变中发挥最为重要的作用。能力要素在性别失衡演变中的作用较弱，1990 年时公共卫生条件作为能力要素对性别失衡有影响，2000 年之后生育政策起到了挤压性别失衡的作用。由于绝大部分环境变量均与时间高度相关，一般影响机制分析中时间因素对性别失衡演变的影响并不显著。

中国的社会变迁具有显著的阶段性社会经济特征，既表现为每个因素都在变迁之中，也表现为不同因素变迁的快慢、剧烈程度存在差异；这些因素变迁导致性别选择行为发生和扩散的要素发生变化，包括不同性别子女的成本收益差异、人们的男孩偏好和对性别选择行为的道德法律规范以及获取性别选择行为技术手段的能力等，进而影响出生人口性别比偏高的变动。①制度改革探索阶段以国家主导的强制性制度变迁为核心特征：在男孩偏好文化（W）未曾削弱的情境下，该阶段的社会变迁导致家庭的功能定位乃至对子女的功能期望发生转变，男孩具备更佳的农业劳动力价值因而具有更高的净收益（R），传统实现男孩偏好的手段（A）失去作用，新的技术手段（A）引进，生育性别选择行为就这样产生了。②市场经济发展阶段是以经济增长及其带来的社会形态过渡为主要特征的。在这种背景下，政策的严格执行和价值观变化共同推动了生育率的进一步下降，人口流动和家庭核心化使得儿子的养老功能开始弱化，传统代际关系转变，这些有利于淡化人们对子女净收益差异的预期（R），进而长期上有利于弱化男孩偏好（W），但经济水平的提高也增强了人们实现生男意愿的能力（A）。在经济发展弱化男孩偏好的作用尚未显现之前，性别选择行为还是在人群中呈扩散趋势的。③经济发展及其带来的社会形态变化持续积累并最终导致社会结构发生变迁，推动社会发展进入社会结构变迁阶段。该阶段社会变迁对性别选择行为扩散的影响呈现两种完全相反的趋势：一方面城乡和家庭结构变迁使得代际和两性关系发生转变，一般家庭中儿子女儿的养老功能此消彼长、日益接近，子女的净收益差异（R）逐渐消失，加之政府治理的介入，人们实现性别选择行为的能力（A）变弱，法律和道德规范（W）也日渐不支持性别选择行为的发生，这些都会导致性别选择行为扩散减缓甚至消退；另一方面社会分化导致贫富差异扩大，富裕人群和贫困人群规模均在扩大，甚至阶层复制趋势日益显著，社会冲突加剧、社会治安风险扩大，这导致富人以家产继承为目的的男孩偏好（W）和行为滋长，贫困弱势阶层因为安全保障的因素提高了养育女孩的成本预期和养育男孩的收益预期（R），男孩偏好（W）重新滋长。该阶段的性别选择行为扩散和消减的两种动力并存，出生人口性别比可能出现增势放缓、徘徊不前或曲折下降的复杂态势。

因此，通过我国 1979 年至今的社会变迁与性别失衡演变分析，本书提出的理论模型得到了初步验证。人口性别结构和人们的生育行为不是独立、封闭的自运行系统，性别失衡的演变是与社会其他子系统的变迁相联系的；我国的市场经济制度改革、科技进步、经济发展和社会结构变迁改变了社会大众的生活方式，对人们的生育性别偏好及行为产生了重要影响，最终导致了性别失衡的发生及演变；导致性别失衡的原因并不是一成不变的，在社会发展的不同时期外部变迁影响性别失衡的途径不同。

从统计数据上观察，中国 1980～2010 年的出生人口性别比经历了持续攀高和增长趋势被遏制两个阶段。但从其背后动力机制分析，出生人口性别比及男孩偏好却经历了被触发、推高、遏制和重新得到支撑的复杂过程。这其中重大的社会变迁包括农村土地改革推动、计划生育政策实施、市场经济的深化、经济发展和社会结构变迁等。本研究发现，牵引出生人口性别比变动的因素是交替出现、相互叠加而

产生作用的；在出生人口性别比 30 余年来持续偏高的表象下，男孩
偏好却有逐渐弱化的趋势；同时支撑男孩偏好的宏观因素并非一成不
变的，长久以来支撑男孩偏好文化的农村父系家族制度经历了重新建
立和逐渐瓦解的过程。研究发现，第六次人口普查数据显示中国的出
生人口性别比在 118 的高位徘徊，这一方面可以解释为"出生人口性
别比上升的趋势得到了遏制"，另一方面我们有理由怀疑，新的男孩
偏好支撑因素抵消了中国近 20 年的经济发展、城市化和社会发展对
男孩偏好的削弱作用。也许出生人口性别比的转变过程，比之前学术
界所预想的要更为复杂和曲折。

三　性别失衡的空间演变机制

意愿要素在性别失衡演变中起着最为重要的作用。意愿要素中女
性粗离婚率和存活率性别差异的影响最为显著，这说明社会中的女性
是否独立、是否存在针对女孩的歧视能够非常显著地影响性别失衡。
第三产业就业人口比例、男性失业率等效益要素对性别失衡的影响最
为重要，这表明社会中男性和女性的经济地位差异能够较大幅度地影
响出生人口性别结构。另外，我国大部分地区存在或强或弱的男孩偏
好和女孩歧视文化，人们普遍不尊重胎儿的生存权，导致意愿要素在
空间机制中无法体现短板效应。从区域对比看，在强偏好地区，能力
要素对性别失衡的影响较大，弱偏好地区能力要素对性别结构没有显
著影响。由于绝大部分环境变量均与时间高度相关，空间影响机制分
析中时间因素对性别失衡演变的影响并不显著。

性别失衡的影响因素之间存在因果关系。基于分析发现，绝大部
分意愿要素均受到效益要素的显著影响。其中，三个效益要素均对政
策外生育率、三代以上家庭户比例、男性全职家务人口比例等因素有
显著影响，非农业人口比例与男性失业率的作用尤为显著，第三产业

就业人口比例的作用次之；城市化对女性粗离婚率提高有显著的促进作用，第三产业的发达程度能显著缩小子女存活率性别差异；女性平均初婚年龄的解释模型发现，时间变量 t 起到显著的延迟初婚年龄的作用，各效益要素没有显著影响。因此，本研究的理论模型中，关于效益要素对意愿要素的影响的假设得到了验证。

区域对比分析中，在两类地区的性别失衡影响机制中，意愿要素起作用的变量有差异，但内在机制相同。强偏好地区能力要素作用较为显著，弱偏好地区的能力要素作用较弱，尤其公共卫生的发展没有起到技术供给作用。弱偏好地区的效益要素作用显著，强偏好地区的效益要素则不起作用。这表明，我国性别失衡的 RWA 演变机制中确实存在短板效应，但该效应主要体现在效益要素和能力要素的关系中，在意愿要素对出生人口性别结构的影响中并无作用。这或许是我国大部分地区存在或强或弱的男孩偏好和女孩歧视文化，人们不尊重胎儿的生存权，导致意愿要素在空间机制中无法体现短板效应。理论假设认为，现代化与工业化有益于平衡性别结构，空间对比分析没有验证该假设，反而得出与假设相反的结果。这或许是因为我国自1990年代起大量农村人口涌入城市务工，其中相当一部分年轻夫妇在城市生育子女，他们往往仍旧保留农村地区的生育文化与行为，使得城市地区的生育统计变量发生变化。城市化越高的地区，流入人口越多，其环境变量越容易偏离城市化与生育行为关系的假设。

第二节 公共政策启示

性别失衡问题不仅损害了女性的权益，还会以不同的方式影响不同性别群体的福利，带来一系列人口后果和社会后果，对社会发展和国际安全产生重大影响。产前的性别选择性人工终止妊娠和产后的溺弃女婴，以及对女孩在营养、医疗和照料上的忽视等严重损害了女性的生存权利，造成严重的女性缺失和总人口性别失衡，目前亚洲国家和地区女性缺失的数量已达到 1 亿人。同时女性缺失带来对男性的"婚姻挤压"，对成年男性的生活福利带来负面影响，引发色情业、拐卖妇女等问题，危害社会稳定和国际安全。

性别失衡已经成为部分国家和地区共同面临的发展问题、国际社会关注的重大国际安全和人类发展问题。包括我国在内的上述存在性别失衡的国家和地区均采取了积极的治理措施，并取得了一定效果。许多国家的成功和有益的治理经验十分值得我国借鉴。性别失衡演变机制的研究结果为我国治理该问题提供了丰富的政策启示。

第一，治理手段多元化。性别失衡的影响因素众多，应该针对传统婚育文化、社会各领域的性别不平等问题和非法使用医疗技术进行性别选择行为等，采取更加多元的治理手段进行治理。其一，性别失衡问题是社会发展不均衡问题，养老保障制度、医疗保障制度、就业平等制度等的缺失加剧了性别不平等和人们的男孩偏好。例如，目前我国已经普遍推行新型农村合作医疗制度，但其在医疗保障中的保障力度较弱，部分地区农村老人生病仅能获得不足 15% 的医疗费用补助，这使得他们仍旧需要依靠儿女资助，"养儿防老"仍旧是众多农村地区的社会现实。所以应当继续加强社会发展制度建设，首先增加男孩偏好文化强烈且经济水平较差的农村地区的养老和医疗保障资金，用社会制度弥补文化制度的不平衡和社会经济发展的不足，以实现经济发展对社会发展的良性促进作用。其二，变革传统的家庭、性别和文化制度，消除男孩偏好观念。其三，开展以典型案例为突破口的刑事立法论证工作，加强相关法律的可操作性，为打击"两非"行为提供法律上的保障。其四，提高性别平等促进中的女性教育和健康投入，进行生育文化的利益引导和宣传倡导，加强性别失衡相关利益受损群体的社会保障建设等。

第二，治理机制长效化。对导致性别不平等的社会制度和产业结构进行治理，旨在从根本上改善性别失衡。长期的制度不公平使得男女社会经济地位差异大，逐渐培养了社会中的男孩偏好文化和重男轻女意识，这是导致性别失衡的根本原因。该问题的解决需要深入改变社会制度，耗时耗力，必须建立长效的治理机制保障性别失衡治理的根本性和有效性。首先要成立国务院领导下的性别失衡治理专门机构，建立畅通稳定的高层决策机制和合作治理工作机制。建立专门的性别失衡治理机构，专职负责性别平等促进、出生人口性别比偏高问题的治理和女婴生存权益维护等。同时性别失衡治理作为一个涉及多部门、多领域的复杂系统工程，其治理要求高层及时、大胆决策，多部门参与协调，因此成立畅通稳定的高层决策机制才能保证性别失衡治理的推动；政府应建立专门的性别失衡治理专项资金，每年定额拨付，专款专用，用于性别平等促进中的女性教育和健康投入，进行生育文化的利益引导和宣传倡导，加强性别失衡相关利益受损群体的社会保障建设等，保障性别失衡治理的长期、持续和稳定进行。建立广泛的合作机制和问责机制，促进部门间合作和地域间合作。在明确不同部门职责分工的基础上，开展以政府部门为主体的、公民广泛参与的约束机制，杜绝"两非"行为的发生。

第三，治理规划突出阶段性、动态性，每个阶段突出重点进行治理。性别失衡的发生和发展具有动态演变性，每个阶段的性别失衡态势及内在机制都有不同。我国执行性别失衡的治理规划应该突出阶段性、动态性，分阶段有重点地进行治理。首先，我国短期内治理性别失衡的重点是杜绝胎儿性别鉴定和性别选择性人工流产，遏制出生人口性别比上升的态势。其次，在公共政策层面通过利益引导和社会保障改变生育中的男孩偏好，消除对女孩的歧视，随后应该在公共制度层面消除男女两性不平等的社会根源。因此，国家卫计委关爱女孩行动领导小组办公室专家组根据性别比下降的阶段性规律，将关爱女孩行动综合治理出生人口性别比分为三阶段。第一阶段为遏制阶段，以行为约束为主，利益导向为辅，同时探索制度创新机制。这期间治理的重点是查处胎儿性别鉴定和选择性别的终止妊娠行为，切断男孩偏好的实现路径，遏制女孩生存恶化局面。第二阶段是下降阶段，以行为约束制度化为基础，强化利益导向机制，同时进一步深化制度创新机制。这期间治理的重点是完善经济社会制度和发展政策，弱化男孩偏好，改善女孩生存状况。第三阶段是稳定阶段，以行为约束和利益导向制度化为基础，进行社会制度创新，形成多部门的高效合作，建立完善长效工作机制。这期间的治理重点是变革传统的家庭、性别和文化制度，消除男孩偏好观念，保证女孩生存稳定在正常状况。从近几年全国出生人口性别比治理效果来看，出生人口性别比持续上升的势头得到了初步遏制，出生人口性别比治理需要在总结第一阶段治理工作成效的基础上，转入第二阶段的治理工作，在进一步完善行为约束机制的基础上，强化利益导向机制，深化制度创新机制，以推进出生人口性别比稳步下降。

第四，治理策略上强调灵活处理，分类指导，重点突破。中国地域广阔，社会、经济和文化差异较大，尤其是经过一段时期的治理后，不同地区的治理环境差异更大，在建设全国"一盘棋"的治理格局时，还需要对不同治理环境的地区实行分类指导。其一，根据出生人口性别比失衡程度，区分出严重失衡地区、轻度失衡地区和基本正常地区；根据出生人口性别比态势，区分出持续上升地区、高位徘徊地区和逐渐下降地区。其二，根据目前性别比治理对象区分出重点人群与非重点人群。其三，根据治理的阶段，区分出重点工作与非重点工作。其四，结合治理的阶段性，根据重点地区与非重点地区，重点人群与非重点人群，重点工作与非重点工作，制定有差异的治理目标和治理措施，突破重点地区、重点人群和重点工作的治理。其五，要根据区域内经济社会发展阶段选择治理模式。经济与社会发展阶段通常可以划分为三种类型即经济与社会同步发展、经济与社会发展都相对滞后和经济超前于社会发展。经济社会同步发展型的社会通常不会存在严重的性别失衡问题，但在有男孩偏好的地区，经济社会发展相对滞后和经济超前于社会发展的地区通常都会出现较为明显的性别失衡问题。在社会经济发展相对滞后的地区，约束类的治理工具能增加群众性别选择的交易成本，而导向类工具能增强群众不做性别选择的边际效益，因此，依靠政府主导的治理结构和强有力的行政力量的层级治理模式，可以充分利用有效的整合约束型和利益导向型的治理资源。然而，在经济超前于社会发展的地区，尤其是民营经济发达的地区，人们拥有较为丰厚的私人财富和较高的经济自由度，一般类型的约束性工具并不会增加群众的相对交易成本，而一般类型的利益导向工具的边际效益对群众的吸引力有限，因此，仅依靠层级治理往往成效甚微，因此，需要有针对性地制定治理模式。

第三节　研究的创新点

本研究的创新点主要表现为以下四点。

第一，提出基于时空视角的性别失衡演变机制理论分析框架。基于国内外与性别失衡相关或相似生育行为转变研究的理论基础，结合我国出生人口性别比偏高问题的现实与特点，构建性别失衡演变机制的分析框架。该框架将时间和空间的视角与 RWA 行为扩散理论相结合，既能够从微观上解释性别失衡的内在机制，也能够在宏观上展示性别失衡的演变过程及时空机制，二者结合能够很好地展示我国 30

余年来性别失衡演变机制的全过程。

第二，总结得出中国性别失衡演变过程和区域类型。我国的性别失衡演变基本符合 Guilmoto 提出的性别比转变（Sex Ratio Transition）模式，中国性别失衡的演变模式呈现与生育水平互动的开始偏高、逐步升高和高位徘徊的阶段特征，并因为地区间男孩偏好强弱差异存在不同的亚型。

第三，发现了空间视角下的中国性别失衡演变机制。在 RWA 理论的指导下，发现意愿要素、效益要素和能力要素的空间差异对我国的性别失衡均有影响，其中意愿要素在性别失衡演变中起着最为重要的作用。其次为效益要素。社会中男性和女性的经济地位差异能够较大幅度地影响出生人口性别结构。从区域对比看，在强偏好地区，能力要素对性别失衡的影响较大，弱偏好地区能力要素对性别结构没有显著影响。

第四，发现了时间视角下中国性别失衡的演变机制，发现除了环境因素的作用之外，性别失衡演变受到时间因素的扩散作用。中国的社会变迁具有显著的阶段性社会经济特征，这些因素变迁导致性别选择行为发生和扩散的要素发生变化，包括不同性别子女的成本收益差异、人们的男孩偏好和对性别选择行为的道德法律规范，以及获取性别选择行为技术手段的能力等，进而影响出生人口性别比偏高的变动。本书通过总结分析展示出中国性别失衡的时间演变机制。

第四节　研究展望

本研究提出基于时空视角的性别失衡演变机制理论分析框架，总结得出中国性别失衡演变过程和区域类型，并发现了空间视角和时间视角下的中国性别失衡演变机制。但由于各种限制，本书还存在一些不足，希望在今后的研究中可以做以下改进。

第一，本研究使用的数据来源较多，包括国家统计年鉴数据、全国人口普查的抽样数据、人口抽样调查数据和他人的研究结果等，在第五章和第六章对性别失衡演变机制的实证研究中，使用这些数据以地市为区域单位进行样本分析。由于出生人口性别结构和死亡人口性别结构等数据对总人口样本要求很高，本研究采用的人口普查抽样数据样本相对偏小，可能导致市级汇总的因变量数据误差或偏差过大。虽然研究中使用 0~4 岁人口性别结构替代出生人口性别结构，能够有效弥补样本不足的问题，但这也导致研究中关注的因变量单一，无法进行出生人口性别比、二胎或三胎以上出生人口性别比等结果变量的实证分析。作者今后将继续努力，在获取更大样本的人口普查数据后进行更加深入的性别失衡演变机制研究。

第二，基于公共管理的学科视角，性别失衡演变中治理因素的作用非常重要。本研究的实证分析部分纳入了省级性别失衡治理变量和市级生育政策变量，但由于我国各省份在性别失衡治理中开始的时间基本在 2000 年之后，其效果显现需要更长的观察时间，各省份采用的治理策略差异性也较小，因此在结果中对治理因素的作用无法进行更加深入的讨论。在下一步研究中应继续关注我国各地性别失衡治理的发展动态，收集相关数据，等待时机深入研究其作用。

第三，性别失衡的演变中除了存在时间差异和空间差异外，还有时空交互的影响，讨论性别失衡演变中的时空交互机制具有重要意义。但由于数据和方法的限制，本研究并没有专门讨论时空交互作用下的性别失衡演变机制，这将是下一步研究的必要工作。

参考文献

［1］ 马瀛通、冯立天、陈友华等：《中国出生人口性别比研究》，中国人口信息网，http：//paper studaff comP2003P4－25P，2003，1970384576。

［2］ 侯建明：《我国出生人口性别比问题研究》，吉林大学硕士学位论文，2007。

［3］ 李树茁、闫绍华、李卫东：《性别偏好视角下的中国人口转变模式分析》，《中国人口科学》2011年第1期。

［4］ 李银河：《生育与村落文化：一爷之孙》，文化艺术出版社，2003。

［5］〔美〕威廉·费尔丁·奥格本：《社会变迁：关于文化和先天的本质》，王晓毅、陈育国译，浙江人民出版社，1989。

［6］ 曾毅、顾宝昌、涂平等：《我国近年来出生性别比升高原因及其后果分析》，《人口与经济》1993年第1期。

［7］ 汤兆云：《我国出生人口性别比的地区差异及其政策选择》，《河北大学学报》（哲学社会科学版）2006年第2期。

［8］ 张海峰、白永平：《中国人口性别结构的区域差异及演变动态分析》，《西北人口》2008年第6期。

［9］ 靳小怡等：《中国的性别失衡与公共安全——百村调查及主要发现》，《青年研究》2010年第5期。

［10］ 李树苗等：《中国的女孩生存：历史，现状和展望》，《市场与人口分析》2006 年第 12 期。

［11］ 刘利鸽、靳小怡、姜全保等：《明清时期男性失婚问题及其治理》，《浙江社会科学》2009 年第 12 期。

［12］ 陈卫、李敏：《亚洲出生性别比失衡对人口转变理论的扩展》，《南京社会科学》2010 年第 8 期。

［13］ 王钦池：《出生人口性别比周期性波动研究——兼论中国出生人口性别比的变化趋势》，《人口学刊》2012 年第 3 期。

［14］ 张则方：《我国出生人口性别比的分析与思考》，南京理工大学硕士学位论文，2008。

［15］ 龚国云：《出生性别比升高的思考与对策研究》，《人口研究》2001 年第 3 期。

［16］ 原新、石海龙：《中国出生性别比偏高与计划生育政策》，《人口研究》2005 年第 3 期。

［17］ 宋健：《中国出生人口性别比偏高问题的政策回应与效果——兼论县级层面社会政策协调的探索与启示》，《人口研究》2009 年第 4 期。

［18］ 郑晓云：《文化认同与文化变迁》，中国社会科学出版社，1992。

［19］ 刘爽：《出生人口性别比的变动趋势及其影响因素——一种国际视角的分析》，《人口学刊》2009 年第 1 期。

［20］ 陈友华、米勒：《中国婚姻挤压研究与前景展望》，《人口研究》2002 年第 3 期。

［21］ 刘爽：《中国的出生性别比与性别偏好：现象，原因及后果》，社会科学文献出版社，2009 年。

［22］ 汤兆云：《出生人口性别比失衡的社会因素分析》，《人口学刊》2006 年第 1 期。

［23］李建新：《生育空间与生育政策挤压》，《人口学刊》1996 年第 4 期。

［24］李若建：《性别偏好与政策博弈：广东省出生人口性别比时空变迁分析》，《中山大学学报》（社会科学版）2005 年第 3 期。

［25］林毅夫：《关于制度变迁的经济学理论：诱致性变迁与强制性变迁》，1994 年。

［26］〔美〕史蒂文·瓦戈：《社会变迁》，王晓黎译，北京大学出版社，2007。

［27］杜清燕：《1980～2008 中国出生性别比升高问题研究——文献综述》，《投资与合作》（学术版）2011 年第 7 期。

［28］李建民：《人口转变论的古典问题和新古典问题》，《中国人口科学》2001 年第 4 期。

［29］李建民：《后人口转变论》，《人口研究》2000 年第 4 期。

［30］朱国宏：《人口转变论——中国模式的描述和比较》，《人口与经济》1989 年第 2 期。

［31］陈卫：《改革开放 30 年与中国的人口转变》，《人口研究》2008 年第 6 期。

［32］于学军：《中国进入"后人口转变"时期》，《中国人口科学》2000 年第 2 期。

［33］刘爽：《中国的出生人口性别比失常及其思考》，《甘肃社会科学》2007 年第 6 期。

［34］穆光宗、余利明、杨越忠：《出生人口性别比问题治理研究》，《中国人口科学》2007 年第 3 期。

［35］刘爽：《出生人口性别比的变动趋势及其影响因素——一种国际视角的分析》，《人口学刊》2009 年第 1 期。

［36］唐荣宁：《社会因素对我国出生人口性别比的影响分析》，南京

师范大学硕士论文，2007。

[37] 张丽萍：《少数民族出生人口性别比升高机制分析》，中央民族大学硕士学位论文，2010。

[38] 胡耀岭：《中国出生性别比偏高及其治理研究》，南开大学博士学位论文，2010。

[39] 黄洪琳、周丽苹：《浙江出生性别比变动态势及有关问题的探讨》，《市场与人口分析》2004年第3期。

[40] 胡峻岭、叶文振：《台湾人口性别结构的形成及发展变化》，《南京人口管理干部学院学报》2004年第7期。

[41] 瞿凌云：《中国出生人口性别比失衡的影响因素及统计模拟》，《统计与决策》2012年第2期。

[42] 李全棉：《出生婴儿性别比偏高原因的系统分析》，《南京人口管理干部学院学报》2005年第1期。

[43] 刘爽：《世界各国的人口出生性别比及其启示》，《人口学刊》2005年第6期。

[44] 李伯华：《中国出生性别比的近期趋势——从医院记录获得的证据》，《人口研究》1994年第4期。

[45] 李林霞：《中国人口性别结构的空间模式及其时序演变》，华东师范大学硕士学位论文，2012。

[46] 王钦池：《出生人口性别比周期性波动研究——兼论中国出生人口性别比的变化趋势》，《人口学刊》2012年第3期。

[47] 刘慧君、李树茁：《出生性别比下降的路径选择与有效机制》，《人口与经济》2011年第4期。

[48] 陈震、陈俊杰：《农民生育的文化边际性》，《人口研究》1997年第6期。

[49] 李路路：《制度转型与分层结构的变迁——阶层相对关系模式

的"双重再生产"》,《中国社会科学》2002 年第 6 期。

[50] 肖倩:《制度再生产:中国农民的分家实践——以赣中南冈村为例》,上海大学博士学位论文,2006。

[51] 何蓉:《北方乡村女性的典型生活画卷——李霞〈娘家与婆家〉一书评介》,《广西民族大学学报》(哲学社会科学版)2011 年第 4 期。

[52] 李霞:《娘家与婆家:华北农村妇女的生活空间和后台权力》,社会科学文献出版社,2010。

[53] 黄镶云:《家庭因素对出生性别比失衡的影响——微观人口经济学视角的分析》,《南京人口管理干部学院学报》2006 年第 3 期。

[54] 刘中一:《印度出生性别比治理成效不显著的原因探析》,《人口与经济》2013 年第 1 期。

[55] 李梅:《安徽省出生人口性别比问题研究》,安徽大学硕士学位论文,2010。

[56] 靳小怡、李树茁:《婚姻形式与男孩偏好:对中国农村三个县的考察》,《人口研究》2004 年第 5 期。

[57] 韦艳、梁义成:《韩国出生性别比失衡的公共治理及对中国的启示》,《人口学刊》2008 年第 6 期。

[58] 陶涛、杨凡:《计划生育政策的人口效应》,《人口研究》2011 年第 1 期。

[59] 施春景:《对韩国出生人口性别比变化的原因分析及其思考》,《人口与计划生育》2004 年第 5 期。

[60] 杨菊华:《男孩偏好与性别失衡:一个基于需求视角的理论分析框架》,《妇女研究论丛》2012 年第 2 期。

[61] 魏后凯:《中国地区发展:经济增长、制度变迁与地区差异》,经济管理出版社,1997。

[62] 张岱年、方克立:《中国文化概论》,北京师范大学出版社,1994。

[63] 谭其骧:《中国文化的时代差异和地区差异》,《复旦学报》(社会科学版)1986 年第 2 期。

[64] 李强:《影响中国城乡流动人口的推力与拉力因素分析》,《中国社会科学》2003 年第 1 期。

[65] 吴维平、王汉生:《寄居大都市:京沪两地流动人口住房现状分析》,《社会学研究》2002 年第 3 期。

[66] 何传启等:《中国现代化报告概要:2001—2010》,北京大学出版社,2010。

[67] 尹文耀:《中国生育率地理波与先进生育文化的区域传播》,《人口研究》2003 年第 2 期。

[68] 王燕:《男孩偏好对中国生育率的影响》,《中国人口科学》1995 年第 4 期。

[69] 李南、马科斯·费尔德曼、什瑞帕德·图加普卡:《带有男孩偏好文化传播的人口模型》,《人口与经济》1999 年第 S1 期。

[70] 李树茁、费尔德曼·马科斯:《中国农村男孩偏好文化的传播和演化:背景与主要研究结果》,《人口与经济》1999 年第 S1 期。

[71] 茅倬彦:《出生性别比影响因素的通径分析——以第五次全国人口普查数据为基础》,《南京人口管理干部学院学报》2006 年第 4 期。

[72] 沈洁:《社会结构与人口发展——基于侗族村寨占里的研究》,中央民族大学硕士学位论文,2007。

[73] 顾宝昌:《论生育和生育转变:数量、时间和性别》,《人口研究》1992 年第 5 期。

[74] 穆光宗:《近年来中国出生性别比升高偏高现象的理论解释》,《人口与经济》1995 年第 1 期。

[75] 穆光宗、陈俊杰：《中国农民生育需求的层次结构》，《人口研究》1996 年第 2 期。

[76] 韦艳、李树茁、杨雪燕：《亚洲女性缺失国家和地区性别失衡的治理及对中国的借鉴》，《人口研究》2009 年第 1 期。

[77] 徐安琪：《夫妻权力和妇女家庭地位的评价指标：反思与检讨》，《社会学研究》2005 年第 4 期。

[78] 徐安琪：《家庭性别角色态度：刻板化倾向的经验分析》，《妇女研究论丛》2010 年第 2 期。

[79] 刘成斌、风笑天：《"中国人口性别比"：我们知道什么，还应该知道什么》，《人口与发展》2008 年第 2 期。

[80] 孙立平：《断裂：20 世纪 90 年代以来的中国社会》，社会科学文献出版社，2003。

[81] 陆学艺：《当代中国社会结构》，社会科学文献出版社，2010。

[82] 李路路、王奋宇：《当代中国现代化进程中的社会结构及其变革》，浙江人民出版社，1992。

[83] 郑杭生、李强、李路路：《当代中国社会结构和社会关系研究》，首都师范大学出版社，1997。

[84] 龚维斌：《中国社会结构变迁及其风险》，《国家行政学院学报》2010 年第 5 期。

[85] 李路路：《制度转型与社会分层模式变迁》，《江海学刊》2002 年第 5 期。

[86] 国家统计局人口司：《中国第二期深入的生育力调查初步报告（续）》，1989。

[87] 刘爽：《中国育龄夫妇的生育"性别偏好"》，《人口研究》2005 年第 3 期。

[88] 池慧灵、张桂蓉：《从"男性偏好"到"儿女双全"的社会学

分析——以湘南 G 县 K 村一胎男孩超生户为例》，《湘潭师范学院学报》（社会科学版）2006 年第 6 期。

[89] 王薇：《农村流动人口的生育意愿分析》，南开大学硕士学位论文，2008。

[90] 陈卫、吴丽丽：《外来人口对中国城市地区出生性别比的影响》，《人口学刊》2008 年第 2 期。

[91] 理查德·威尔金森、凯特·皮克特：《不平等的痛苦：收入差距如何导致社会问题》，新华出版社，2010。

[92] 闫绍华、李卫东、杨博：《性别失衡微观治理模式的比较与分析——基于三个县"关爱女孩行动"的案例研究》，《西安交通大学学报》（社会科学版）2010 年第 3 期。

[93] 杨红娟：《出生人口性别比失衡的地域差异分析——基于对陕西的调查》，《西北人口》2009 年第 6 期。

[94] 杨云彦、慈勤英、穆光宗：《中国出生人口性别比：从存疑到求解》，《人口研究》2006 年第 1 期。

[95] 翟燕：《咸阳市出生人口性别比问题研究》，陕西师范大学硕士学位论文，2012。

[96] 邬沧萍、穆光宗：《低生育研究——人口转变论的补充和发展》，《中国社会科学》1995 年第 1 期。

[97] 潘允康、林南：《中国城市现代家庭模式》，《社会学研究》1987 年第 3 期。

[98] 李萍：《当前我国农村离婚率趋高的社会学分析》，《中国青年研究》2011 年第 5 期。

[99] 王鹏、吴愈晓：《初婚年龄的影响因素分析——基于 CGSS2006 的研究》，《社会》2013 年第 3 期。

[100] 徐安琪、叶文振：《中国婚姻研究报告》，中国社会科学出版

社，2002。

[101] 程广超：《论胎儿生存权与母亲选择权之冲突》，《法制与经济》（中旬刊）2009 年第 4 期。

[102] 伍海霞、李树茁、悦中山：《城镇外来农村流动人口的生育观念与行为分析》，《人口研究》2006 年第 1 期。

[103] 刘爱玉：《流动人口生育意愿的变迁及其影响》，《江苏行政学院学报》2008 年第 5 期。

[104] 庄渝霞：《不同代别农民工生育意愿及其影响因素——基于厦门市 912 位农村流动人口的实证研究》，《社会》2008 年第 1 期。

[105] 杨博、李树茁：《性别失衡后果的社会风险及其社区和家庭扩散研究》，《南京社会科学》2018 年第 5 期。

[106] 余玲铮：《性别失衡的劳动力市场效应》，《中国社会科学报》2018 年第 3 期。

[107] 李树茁、孟阳：《中国性别失衡与社会可持续发展》，《人口与计划生育》2017 年第 4 期。

[108] 孟阳、李树茁：《被"污名化"的农村大龄未婚男性》，《文化纵横》2017 年第 3 期。

[109] 董志强、钟粤俊：《性别失衡如何影响生育偏好》，《劳动经济研究》2016 年第 4 期。

[110] 尚子娟、宋瑞霞、李树茁：《中国性别失衡后果的态势与治理——基于广西、江西和贵州省的调查和政策建议》，《西安交通大学学报》（社会科学版）2016 年第 6 期。

[111] 宋健：《"普二"政策下的性别失衡与治理》，《西安交通大学学报》（社会科学版）2016 年第 6 期。

[112] 杨凡：《现代夫妻关系对妇女男孩偏好的影响》，《人口与经济》2016 年第 3 期。

［113］ 李树茁：《我国出生人口性别比连续第七次下降》，《中国妇女报》2016 年第 1 期。

［114］ 毕雅丽：《IAD 框架下的男孩偏好心理机制研究——基于陕西省 71 个县区的调查发现》，《人口与发展》2015 年第 6 期。

［115］ 张杭：《性别比失衡、女性家庭及劳动力市场的议价能力》，复旦大学博士学位论文，2013。

［116］ 杨博、李树茁：《性别失衡后果的社会风险及其社区和家庭扩散研究》，《南京社会科学》2018 年第 5 期。

［117］ 李树茁，Monica Das Gupta：《性别歧视和婚姻挤压：中国、韩国和印度的比较研究》，《中国人口科学》1998 年第 6 期。

［118］ 顾宝昌、徐毅：《中国婴儿出生性别比综论》，《中国人口科学》1994 年第 3 期。

［119］ 顾宝昌、罗伊：《中国大陆、中国台湾省和韩国出生婴儿性别比失调的比较分析》，《人口研究》1996 年第 5 期。

［120］ 石雅茗、刘爽：《中国出生性别比的新变化及其思考》，《人口研究》2015 年第 4 期。

［121］ 刘爽、冯解忧：《政府何为：生育"性别偏好"的地区差异及其启示——以河北省定州市与湖北省大冶市为例》，《中州学刊》2014 年第 10 期。

［122］ 时涛、孙奎立：《我国出生性别比空间特征与影响因素分析》，《西北人口》2014 年第 4 期。

［123］ 刘华、杨丽霞、朱晶、陆炳静：《农村人口出生性别比失衡及其影响因素的空间异质性研究——基于地理加权回归模型的实证检验》，《人口学刊》2014 年第 4 期。

［124］ Guilmoto C. Z. , "The Sex Ratio Transition in Asia", *Population and Development Review*, 2009, 35 (3).

[125] Larsen U. , Chung W. , Gupta M. D. , "Fertility and Son Prefer-
ence in Korea", *Population Studies*, 1998, 52 (3).

[126] Clark S. , "Son Preference and Sex Composition of Children: Evi-
dence from India", *Demography*, 2000, 37 (1).

[127] Das Gupta M. , Shuzhuo L. , "Gender Bias in China, South Korea
and India 1920 – 1990: Effects of War, Famine and Fertility De-
cline", *Development and Change* , 1999, 30 (3).

[128] Hudson V. M. , Den Boer A. M. , *Bare Branches: The Security Im-
plications of Asia's Surplus Male Population*, Cambridge, MA, MIT
Press, 2004.

[129] Chung W. , Gupta M. D. , "The Decline of Son Preference in South
Korea: The Roles of Development and Public Policy", *Population
and Development Review*, 2007, 33 (4).

[130] James W. H. , "The Human Sex Ratio, Part 1: A Review of the
Literature", *Human Biology*, 1987.

[131] Park C. B. , Cho N. H. , "Consequences of Son Preference in a
Low-fertility Society: Imbalance of the Sex Ratio at Birth in Kore-
a", *Population and Development Review*, 1995.

[132] Park C. B. , "Preference for Sons, Family Size, and Sex Ratio:
An Empirical Study in Korea", *Demography*, 1983, 20 (3).

[133] Shaw C. , "The Sex Ratio at Birth in England and Wales", *Popu-
lation Trends*, 1989, 57.

[134] Mizuno R. , "The Male/Female Ratio of Fetal Deaths and Births in
Japan", *The Lancet*, 2000, 356 (9231).

[135] Parsons T. E. , Shild, Edward A. (Ed.), editor, *Toward a Gener-
al Theory of Action*, Cambridge, MA , US, Harvard University

Press, 1951.

[136] Pollard G. , "Factors Influencing the Sex Ratio at Birth in Australia: 1902 – 65", *J Biosoc Sci*, 1969, 1.

[137] Casterline J. B. , *Diffusion Processes and Fertility Transition: Selected Perspectives*, *National Academies Press*, 2001.

[138] Mathews T. , Hamilton B. E. , "Trend Analysis of the Sex Ratio at Birth in the United States", *National Vital Statistics Reports*, 2005, 53 (20).

[139] Guilmoto C. Z. , "Skewed Sex Ratios at Birth and Future Marriage Squeeze in China and India, 2005 – 2100", *Demography*, 2012, 49 (1).

[140] Guilmoto C. Z. , Hoàng X. , Van T. N. , "Recent Increase in Sex Ratio at Birth in Viet Nam", *PLoS One*, 2009, 4 (2).

[141] Gu B. , Roy K. , "Sex Ratio at Birth in China, with Reference to other Areas in East Asia: What We Know", *Asia Pacific Population Journal*, 1995, 10.

[142] Hesketh T. , Xing Z. W. , "Abnormal Sex Ratios in Human Populations: Causes and Consequences", *Proceedings of the National Academy of Sciences*, 2006, 103 (36).

[143] Houdaille J. , "Causes and Implications of the Recent Increase in the Reported Sex-Ratio at Birth in China", *Population*, 1994, 49 (1).

[144] Russell W. , "Statistical Study of the Sex Ratio at Birth", *J Hyg*, 1936, 36.

[145] Chowdhury M. K. , Bairagi R. "Son Preference and Fertility in Bangladesh", *Population and Development Review*, 1990.

[146] Arnold F. , Zhaoxiang L. , "Sex Preference, Fertility, and Family Planning in China", *Population and Development Review*, 1986.

[147] Lesthaeghe R. , Vanderhoeft C. , "New Behavioral Forms Diffusion Processes and Fertility Transition: Selected Perspectives", 2001.

[148] Lipatov M. , Li S. , Feldman M. W. , "Economics, Cultural Transmission, and the Dynamics of the Sex Ratio at Birth in China", *Proceedings of the National Academy of Sciences*, 2008, 105 (49).

[149] Duthé G. , Meslé F. , Vallin J. , et al. , "High Sex Ratios at Birth in the Caucasus: Modern Technology to Satisfy Old Desires", *Population and Development Review*, 2012, 38 (3).

[150] Haub C. , Cornelius D. , "World Population Data Sheet of the Population Reference Bureau", *Population Reference Bureau*, 2001.

[151] Division UNP, "World Population Prospects: The 2010 Revision", New York, 2011.

[152] Ishkanian A. , "Gendered Transitions: the Impact of the Post-Soviet Transition on Women in Central Asia and the Caucasus", *Perspectives on Global Development and Technology*, 2003, 2 (3 – 4).

[153] Marc MaLK, *No Country for Young Girls: Son Preference, Patriarpatriarchy and War in Post-Soviet States'*, University of Cambridge, 2010.

[154] UNDP, "Enhancing Women's Political Participation: A Policy Note for Europe and the Commonwealth of Independent States", *Bratislava*, 2009.

[155] Serbanescu F. , Imnadze P. , Bokhua Z. , et al. , "Reproductive Health Survey Georgia, 2005: Final Report", National Center for Disease Control and Medical Statistics, Ministry of Labor, Health,

and Social Affairs, Department of Statistics, Ministry of Economic Development, 2007.

[156] NSS MoH, and ORC Macro, "Armenia Demographic and Health Survey 2005", Maryland, Macro MoHAaO, editor, *National Statistical Service*, 2006.

[157] Inc SSCSaMI. "Azerbaijan Demographic and Health Survey 2006", 2008.

[158] Rechel B., McKee M., "Health Reform in Central and Eastern Europe and the Former Soviet Union", *The Lancet*, 2009, 374 (9696).

[159] Nations U., "World Population Policies 2009", New York, Population Division of the Department of Economic and Social Affairs of the United Nations Secretariat, 2010 .

[160] UNFPA, "Sex Imbalances at Birth: Current Trends, Consequences and Policy Implications", Bangkok, UNFPA Asia and the Pacific Regional Office, 2012.

[161] Fuse K., "Variations in Attitudinal Gender Preferences for Children across 50 Less-developed Countries", *Demographic Research* , 2010, 23 (36).

[162] Durham M. E., "High Albania", Echo Library, 2009.

[163] Li S., Zhu C., Feldman M. W., "Gender Differences in Child Survival in Contemporary Rural China: a County Study", *Journal of Biosocial Science*, 2004, 36 (1).

[164] Simonsson P., Sandström G., "Ready, Willing, and Able to Divorce: an Economic and Cultural History of Divorce in Twentieth-century Sweden", *Journal of Family history*, 2011, 36 (2).

[165] Waldron I. , "Patterns and Causes of Excess Female Mortality A-
mong Children in Developing Countries", *World Health Statistics
Quarterly Rapport Trimestriel de Statistiques Sanitaires Mondiales*,
1986, 40 (3).

[166] Kirk D. , "Demographic Transition Theory", *Population Studies*,
1996, 50 (3).

[167] Van de Kaa D. , "The Idea of a Second Demographic Transition in
Industrialized Countries", *Birth*, 2002, 35.

[168] Das Gupta M. , Lee S. , Uberoi P. , et al. , "State Policies and
Women's Autonomy in China, India, and the Republic of Korea,
1950 – 2000: Lessons from Contrasting Experiences" , *Policy Re-
search Working Paper*, 2014.

[169] Gupta M. D. , "Factors influencing 'missing girls' in South Korea",
Applied Economics, 2011, 43 (24).

[170] Landry A. , Bunle H. , Depoid P. , et al. , "Traité de démographie",
American Journal of Sociology, 1945.

[171] Kirk D. , "Demographic Transition Theory", *Population Studies*,
1996, 50 (3).

[172] Van de Kaa D. , "Europe's second demographic transition", *Popul
Bull*, 1987, 42 (1).

附录　1990 年、2000 年、2010 年普查数据地区代码匹配表

地区名称	CODE	1990 年 ID	2000 年 ID	2010 年 ID	"六普"名称	"六普"省份
北京市区	1101	1101	1101	1101	市辖区	北京市
延庆县	1102	1102	1102	1102	县	北京市
天津市区	1201	1201	1201	1201	市辖区	天津市
天津县	1202	1202	1202	1202		
石家庄市	1301	1323	1301	1301	石家庄市	河北省
唐山市	1302	1302	1302	1302	唐山市	河北省
邯郸地区	1304	1321	1304	1304	邯郸市	河北省
邢台地区	1305	1322	1305	1305	邢台市	河北省
保定地区	1306	1324	1306	1306	保定市	河北省
张家口地区	1307	1325	1307	1307	张家口市	河北省
承德地区	1308	1326	1308	1308	承德市	河北省
沧州地区	1309	1329	1309	1309	沧州市	河北省
衡水市	1311	1330	1311	1311	衡水市	河北省
秦皇岛市	1303	1303	1303	1303	秦皇岛市	
邯郸市	13041	1304	1304	1304	邯郸地市	
邢台市	13051	1305	1305	1305	邢台市	
保定市	13061	1306	1306	1306	保定市	
张家口	13071	1307	1307	1307	张家口	
承德市	13081	1308	1308	1308	承德市	

续表

地区名称	CODE	1990 年 ID	2000 年 ID	2010 年 ID	"六普"名称	"六普"省份
沧州市	13091	1309	1309	1309	沧州市	
廊坊市	1310	1310	1310	1310	廊坊市	
太原市	1401	1401	1401	1401	太原市	山西省
大同市	1402	1402	1402	1402	大同市	山西省
阳泉市	1403	1403	1403	1403	阳泉市	山西省
长治市	1404	1404	1404	1404	长治市	山西省
晋城市	1405	1405	1405	1405	晋城市	山西省
朔州市	1406	1406	1406	1406	朔州市	山西省
晋中市	1407	1424	1407	1407	晋中市	山西省
运城市	1408	1427	1408	1408	运城市	山西省
忻州市	1409	1422	1409	1409	忻州市	山西省
临汾市	1410	1426	1410	1410	临汾市	山西省
吕梁市	1411	1423	1423	1411	吕梁市	山西省
呼和浩特市	1501	1501	1501	1501	呼和浩特市	内蒙古自治区
包头市	1502	1502	1502	1502	包头市	内蒙古自治区
乌海市	1503	1503	1503	1503	乌海市	内蒙古自治区
赤峰市	1504	1504	1504	1504	赤峰市	内蒙古自治区
通辽市	1505	1523	1505	1505	通辽市	内蒙古自治区
鄂尔多斯市	1506	1527	1527	1506	鄂尔多斯市	内蒙古自治区
呼伦贝尔市	1507	1521	1521	1507	呼伦贝尔市	内蒙古自治区
乌兰察布市	1509	1526	1526	1509	乌兰察布市	内蒙古自治区
兴安盟	1522	1522	1522	1522	兴安盟	内蒙古自治区
锡林郭勒盟	1525	1525	1525	1525	锡林郭勒盟	内蒙古自治区
巴彦淖尔市	1528	1528	1528	1508	巴彦淖尔市	内蒙古自治区
阿拉善盟	1529	1529	1529	1529	阿拉善盟	内蒙古自治区
沈阳市	2101	2101	2101	2101	沈阳市	辽宁省
大连市	2102	2102	2102	2102	大连市	辽宁省
鞍山市	2103	2103	2103	2103	鞍山市	辽宁省
抚顺市	2104	2104	2104	2104	抚顺市	辽宁省
本溪市	2105	2105	2105	2105	本溪市	辽宁省
丹东市	2106	2106	2106	2106	丹东市	辽宁省

地区名称	CODE	1990 年 ID	2000 年 ID	2010 年 ID	"六普"名称	"六普"省份
锦州市	2107	2107	2107	2107	锦州市	辽宁省
营口市	2108	2108	2108	2108	营口市	辽宁省
阜新市	2109	2109	2109	2109	阜新市	辽宁省
辽阳市	2110	2110	2110	2110	辽阳市	辽宁省
盘锦市	2111	2111	2111	2111	盘锦市	辽宁省
铁岭市	2112	2112	2112	2112	铁岭市	辽宁省
朝阳市	2113	2113	2113	2113	朝阳市	辽宁省
葫芦岛市	2114	2114	2114	2114	葫芦岛市	辽宁省
长春市	2201	2201	2201	2201	长春市	吉林省
吉林市	2202	2202	2202	2202	吉林市	吉林省
四平市	2203	2203	2203	2203	四平市	吉林省
辽源市	2204	2204	2204	2204	辽源市	吉林省
通化市	2205	2205	2205	2205	通化市	吉林省
白山市	2206	2206	2206	2206	白山市	吉林省
松原市	2207	无	无	无	松原市	吉林省
白城市	2208	2223	2208	2208	白城市	吉林省
延边朝鲜族自治州	2224	2224	2224	2224	延边朝鲜族自治州	吉林省
哈尔滨市	2301	2301	2301	2301	哈尔滨市	黑龙江省
松花江市	23011	2321	2301	2301		
阿城市①	23012	2390	2301	2301		
齐齐哈尔	2302	2302	2302	2302	齐齐哈尔	黑龙江省
鸡西市	2303	2303	2303	2303	鸡西市	黑龙江省
鹤岗市	2304	2304	2304	2304	鹤岗市	黑龙江省
双鸭山市	2305	2305	2305	2305	双鸭山市	黑龙江省
大庆市	2306	2306	2306	2306	大庆市	黑龙江省
伊春市	2307	2307	2307	2307	伊春市	黑龙江省
佳木斯市	2308	2308	2308	2308	佳木斯市	黑龙江省
七台河市	2309	2309	2309	2309	七台河市	黑龙江省
牡丹江市	2310	2310	2310	2310	牡丹江市	黑龙江省
黑河市	2311	2326	2311	2311	黑河市	黑龙江省

续表

地区名称	CODE	1990 年 ID	2000 年 ID	2010 年 ID	"六普"名称	"六普"省份
绥化市	2312	2323	2312	2312	绥化市	黑龙江省
大兴安岭	2327	2327	2327	2327	大兴安岭	黑龙江省
上海市区	3101	3101	3101	3101	市辖区	上海市
崇明县	3102	3102	3102	3102	县	上海市
南京市	3201	3201	3201	3201	南京市	江苏省
无锡市	3202	3202	3202	3202	无锡市	江苏省
徐州市	3203	3203	3203	3203	徐州市	江苏省
常州市	3204	3204	3204	3204	常州市	江苏省
苏州市	3205	3205	3205	3205	苏州市	江苏省
南通市	3206	3206	3206	3206	南通市	江苏省
连云港市	3207	3207	3207	3207	连云港市	江苏省
淮安市	3208	3208	3208	3208	淮安市	江苏省
盐城市	3209	3209	3209	3209	盐城市	江苏省
扬州市	3210	3210	3210	3210	扬州市	江苏省
镇江市	3211	3211	3211	3211	镇江市	江苏省
泰州市	3212	3210	3212	3212	泰州市	江苏省
宿迁市	3213	3208	3213	3213	宿迁市	江苏省
杭州市	3301	3301	3301	3301	杭州市	浙江省
宁波市	3302	3302	3302	3302	宁波市	浙江省
温州市	3303	3303	3303	3303	温州市	浙江省
嘉兴市	3304	3304	3304	3304	嘉兴市	浙江省
湖州市	3305	3305	3305	3305	湖州市	浙江省
绍兴市	3306	3306	3306	3306	绍兴市	浙江省
金华市	3307	3307	3307	3307	金华市	浙江省
衢州市	3308	3308	3308	3308	衢州市	浙江省
舟山市	3309	3309	3309	3309	舟山市	浙江省
台州市	3310	3326	3310	3310	台州市	浙江省
丽水市	3311	3325	3311	3311	丽水市	浙江省
合肥市	3401	3401	3401	3401	合肥市	安徽省
芜湖市	3402	3402	3402	3402	芜湖市	安徽省
蚌埠市	3403	3403	3403	3403	蚌埠市	安徽省

续表

地区名称	CODE	1990 年 ID	2000 年 ID	2010 年 ID	"六普"名称	"六普"省份
淮南市	3404	3404	3404	3404	淮南市	安徽省
马鞍山市	3405	3405	3405	3405	马鞍山市	安徽省
淮北市	3406	3406	3406	3406	淮北市	安徽省
铜陵市	3407	3407	3407	3407	铜陵市	安徽省
安庆市	3408	3408	3408	3408	安庆市	安徽省
黄山市	3410	3410	3410	3410	黄山市	安徽省
滁州市	3411	3423	3411	3411	滁州市	安徽省
阜阳市	3412	3421	3412	3412	阜阳市	安徽省
宿州市	3413	3422	3413	3413	宿州市	安徽省
巢湖市	3414	3426	3414	3414	巢湖市	安徽省
六安市	3415	3424	3415	3415	六安市	安徽省
亳州市	3416	0	3416	3416	亳州市	安徽省
池州市	3417	3429	3417	3417	池州市	安徽省
宣城市	3418	3425	3418	3418	宣城市	安徽省
福州市	3501	3501	3501	3501	福州市	福建省
厦门市	3502	3502	3502	3502	厦门市	福建省
莆田市	3503	3503	3503	3503	莆田市	福建省
三明市	3504	3504	3504	3504	三明市	福建省
泉州市	3505	3505	3505	3505	泉州市	福建省
漳州市	3506	3506	3506	3506	漳州市	福建省
南平市	3507	3521	3507	3507	南平市	福建省
龙岩市	3508	3526	3508	3508	龙岩市	福建省
宁德市	3509	3522	3509	3509	宁德市	福建省
南昌市	3601	3601	3601	3601	南昌市	江西省
景德镇市	3602	3602	3602	3602	景德镇市	江西省
萍乡市	3603	3603	3603	3603	萍乡市	江西省
九江市	3604	3604	3604	3604	九江市	江西省
新余市	3605	3605	3605	3605	新余市	江西省
鹰潭市	3606	3606	3606	3606	鹰潭市	江西省
赣州市	3607	3621	3607	3607	赣州市	江西省
吉安市	3608	3624	3608	3608	吉安市	江西省

续表

地区名称	CODE	1990 年 ID	2000 年 ID	2010 年 ID	"六普"名称	"六普"省份
宜春市	3609	3622	3609	3609	宜春市	江西省
抚州市	3610	3625	3610	3610	抚州市	江西省
上饶市	3611	3623	3611	3611	上饶市	江西省
济南市	3701	3701	3701	3701	济南市	山东省
青岛市	3702	3702	3702	3702	青岛市	山东省
淄博市	3703	3703	3703	3703	淄博市	山东省
枣庄市	3704	3704	3704	3704	枣庄市	山东省
东营市	3705	3705	3705	3705	东营市	山东省
烟台市	3706	3706	3706	3706	烟台市	山东省
潍坊市	3707	3707	3707	3707	潍坊市	山东省
济宁市	3708	3708	3708	3708	济宁市	山东省
泰安市	3709	3709	3709	3709	泰安市	山东省
威海市	3710	3710	3710	3710	威海市	山东省
日照市	3711	3711	3711	3711	日照市	山东省
莱芜市	3712	3726	3712	3712	莱芜市	山东省
临沂市	3713	3728	3713	3713	临沂市	山东省
德州市	3714	3724	3714	3714	德州市	山东省
聊城市	3715	3725	3715	3715	聊城市	山东省
滨州市	3716	3723	3716	3716	滨州市	山东省
菏泽市	3717	3729	3717	3717	菏泽市	山东省
郑州市	4101	4101	4101	4101	郑州市	河南省
开封市	4102	4102	4102	4102	开封市	河南省
洛阳市	4103	4103	4103	4103	洛阳市	河南省
平顶山市	4104	4104	4104	4104	平顶山市	河南省
安阳市	4105	4105	4105	4105	安阳市	河南省
鹤壁市	4106	4106	4106	4106	鹤壁市	河南省
新乡市	4107	4107	4107	4107	新乡市	河南省
焦作市	4108	4108	4108	4108	焦作市	河南省
濮阳市	4109	4109	4109	4109	濮阳市	河南省
许昌市	4110	4110	4110	4110	许昌市	河南省
漯河市	4111	4111	4111	4111	漯河市	河南省

地区名称	CODE	1990 年 ID	2000 年 ID	2010 年 ID	"六普"名称	"六普"省份
三门峡市	4112	4112	4112	4112	三门峡市	河南省
南阳市	4113	4129	4113	4113	南阳市	河南省
商丘市	4114	4123	4114	4114	商丘市	河南省
信阳市	4115	4130	4115	4115	信阳市	河南省
周口市	4116	4127	4116	4116	周口市	河南省
驻马店市	4117	4128	4117	4117	驻马店市	河南省
武汉市	4201	4201	4201	4201	武汉市	湖北省
黄石市	4202	4202	4202	4202	黄石市	湖北省
十堰市	4203	4203	4203	4203	十堰市	湖北省
沙市市	4204	4204	4210	4210		
宜昌地区	4205	4227	4205	4205	宜昌市	湖北省
宜昌市	42051	4205	4205	4205		
襄樊市②	4206	4206	4206	4206	襄樊市	湖北省
鄂州市	4207	4207	4207	4207	鄂州市	湖北省
荆门市	4208	4208	4208	4208	荆门市	湖北省
孝感市	4209	4222	4209	4209	孝感市	湖北省
荆州市	4210	4224	4210	4210	荆州市	湖北省
黄冈市	4211	4221	4211	4211	黄冈市	湖北省
咸宁市	4212	4223	4212	4212	咸宁市	湖北省
随州市	4213	4225	4213	4213	随州市	湖北省
恩施州	4228	4228	4228	4228	恩施州	湖北省
长沙市	4301	4301	4301	4301	长沙市	湖南省
株洲市	4302	4302	4302	4302	株洲市	湖南省
湘潭市	4303	4303	4303	4303	湘潭市	湖南省
衡阳市	4304	4304	4304	4304	衡阳市	湖南省
邵阳市	4305	4305	4305	4305	邵阳市	湖南省
岳阳市	4306	4306	4306	4306	岳阳市	湖南省
常德市	4307	4307	4307	4307	常德市	湖南省
张家界	4308	4308	4308	4308	张家界	湖南省
益阳市	4309	4323	4309	4309	益阳市	湖南省
郴州市	4310	4328	4310	4310	郴州市	湖南省

续表

地区名称	CODE	1990 年 ID	2000 年 ID	2010 年 ID	"六普"名称	"六普"省份
永州市	4311	4329	4311	4311	永州市	湖南省
怀化市	4312	4330	4312	4312	怀化市	湖南省
娄底市	4313	4325	4313	4313	娄底市	湖南省
湘西土	4331	4331	4331	4331	湘西土③	湖南省
省辖区	4390	4290	4290	4290		
广州市	4401	4401	4401	4401	广州市	广东省
韶关市	4402	4402	4402	4402	韶关市	广东省
深圳市	4403	4403	4403	4403	深圳市	广东省
珠海市	4404	4404	4404	4404	珠海市	广东省
汕头市	4405	4405	4405	4405	汕头市	广东省
佛山市	4406	4406	4406	4406	佛山市	广东省
江门市	4407	4407	4407	4407	江门市	广东省
湛江市	4408	4408	4408	4408	湛江市	广东省
茂名市	4409	4409	4409	4409	茂名市	广东省
肇庆市	4412	4412	4412	4412	肇庆市	广东省
惠州市	4413	4413	4413	4413	惠州市	广东省
梅州市	4414	4414	4414	4414	梅州市	广东省
汕尾市	4415	4415	4415	4415	汕尾市	广东省
河源市	4416	4416	4416	4416	河源市	广东省
阳江市	4417	4417	4417	4417	阳江市	广东省
清远市	4418	4418	4418	4418	清远市	广东省
东莞市	4419	4419	4419	4419	东莞市	广东省
中山市	4420	4420	4420	4420	中山市	广东省
潮州市	4451	4421	4451	4451	潮州市	广东省
揭阳市	4452	4422	4452	4452	揭阳市	广东省
云浮市	4453	4412	4453	4453	云浮市	广东省
南宁市	4501	4501	4501	4501		
柳州市	4502	4502	4502	4502	柳州市	广西壮族自治区
桂林地区	4503	4523	4503	4503	桂林市	广西壮族自治区
桂林市	45031	4503	4503	4503		

地区名称	CODE	1990 年 ID	2000 年 ID	2010 年 ID	"六普"名称	"六普"省份
梧州市	4504	4504	4504	4504	梧州市	广西壮族自治区
北海市	4505	4505	4505	4505	北海市	广西壮族自治区
防城港市	4506	4528	4506	4506	防城港市	广西壮族自治区
钦州市	4507	4528	4507	4507	钦州市	广西壮族自治区
贵港市	4508	4525	4508	4508	贵港市	广西壮族自治区
玉林市	4509	4525	4509	4509	玉林市	广西壮族自治区
百色市	4510	4526	4510	4510	百色市	广西壮族自治区
贺州市	4511	4524	4511	4511	贺州市	广西壮族自治区
河池市	4512	4527	4512	4512	河池市	广西壮族自治区
来宾市	4513	4522	4522	4513	来宾市	广西壮族自治区
崇左市	4514	4521	4521	4514	崇左市	广西壮族自治区
海口市	4601	4601	4601	4601	海口市	海南省
三亚市	4602	4602	4602	4602	三亚市	海南省
省直辖县	4690	4690	4690	4690	省直辖县	海南省
重庆市区	5001	5102	5001	5001	市辖区	重庆市
黔江地区	5002	5135	5002	5002		
成都市	5101	5101	5101	5101	成都市	四川省
自贡市	5103	5103	5103	5103	自贡市	四川省
攀枝花市	5104	5104	5104	5104	攀枝花市	四川省
泸州市	5105	5105	5105	5105	泸州市	四川省
德阳市	5106	5106	5106	5106	德阳市	四川省
绵阳市	5107	5107	5107	5107	绵阳市	四川省
广元市	5108	5108	5108	5108	广元市	四川省
遂宁市	5109	5109	5109	5109	遂宁市	四川省

续表

地区名称	CODE	1990 年 ID	2000 年 ID	2010 年 ID	"六普"名称	"六普"省份
内江市	5110	5110	5110	5110	内江市	四川省
乐山市	5111	5111	5111	5111	乐山市	四川省
南充市	5113	5129	5113	5113	南充市	四川省
眉山市	5114	5111	5114	5114		
宜宾市	5115	5125	5115	5115	宜宾市	四川省
广安市	5116	5129	5116	5116	广安市	四川省
达州市	5117	5130	5117	5117	达州市	四川省
雅安市	5118	5131	5118	5118	雅安市	四川省
巴中市	5119	5137	5119	5119	巴中市	四川省
资阳市	5120	5139	5120	5120	资阳市	四川省
阿坝藏族自治州	5132	5132	5132	5132	阿坝藏族自治州	四川省
甘孜藏族自治州	5133	5133	5133	5133	甘孜藏族自治州	四川省
凉山自治州	5134	5134	5134	5134	凉山自治州	四川省
贵阳市	5201	5201	5201	5201	贵阳市	贵州省
六盘水市	5202	5202	5202	5202	六盘水市	贵州省
遵义市	5203	5221	5203	5203	遵义市	贵州省
安顺市	5204	5225	5204	5204	安顺市	贵州省
铜仁地区	5222	5222	5222	5222	铜仁地区	贵州省
黔西南自治州	5223	5223	5223	5223	黔西南自治州	贵州省
毕节地区	5224	5224	5224	5224	毕节地区	贵州省
黔东南自治州	5226	5226	5226	5226	黔东南自治州	贵州省
黔南自治州	5227	5227	5227	5227	黔南自治州	贵州省
昆明市	5301	5301	5301	5301	昆明市	云南省
曲靖市	5303	5322	5322	5322	曲靖市	云南省
玉溪市	5304	5324	5324	5324	玉溪市	云南省
保山市	5305	5330	5330	5305	保山市	云南省
丽江市	5307	5332	5332	5307	丽江市	云南省
普洱市	5308	5327	5327	5308	普洱市	云南省
临沧市	5309	5335	5335	5309	临沧市	云南省

地区名称	CODE	1990 年 ID	2000 年 ID	2010 年 ID	"六普"名称	"六普"省份
昭通市	5321	5321	5321	5306	昭通市	云南省
楚雄自治州	5323	5323	5323	5323	楚雄自治州	云南省
红河自治州	5325	5325	5325	5325	红河自治州	云南省
文山自治州	5326	5326	5326	5326	文山自治州	云南省
西双版纳自治州	5328	5328	5328	5328	西双版纳自治州	云南省
大理自治州	5329	5329	5329	5329	大理自治州	云南省
德宏自治州	5331	5331	5331	5331	德宏自治州	云南省
怒江自治州	5333	5333	5333	5333	怒江自治州	云南省
迪庆自治州	5334	5334	5334	5334	迪庆自治州	云南省
拉萨市	5401	5401	5401	5401	拉萨市	西藏自治区
昌都地区	5421	5421	5421	5421	昌都地区	西藏自治区
山南地区	5422	5422	5422	5422	山南地区	西藏自治区
日喀则地区	5423	5423	5423	5423	日喀则地区	西藏自治区
那曲地区	5424	5424	5424	5424	那曲地区	西藏自治区
阿里地区	5425	5425	5425	5425	阿里地区	西藏自治区
林芝地区	5426	5426	5426	5426	林芝地区	西藏自治区
西安市	6101	6101	6101	6101	西安市	陕西省
铜川市	6102	6102	6102	6102	铜川市	陕西省
宝鸡市	6103	6103	6103	6103	宝鸡市	陕西省
咸阳市	6104	6104	6104	6104	咸阳市	陕西省
渭南市	6105	6121	6105	6105	渭南市	陕西省
延安市	6106	6126	6106	6106	延安市	陕西省
汉中市	6107	6123	6107	6107	汉中市	陕西省
榆林市	6108	6127	6108	6108	榆林市	陕西省
安康市	6109	6124	6109	6109	安康市	陕西省
商洛市	6110	6125	6125	6110	商洛市	陕西省
兰州市	6201	6201	6201	6201	兰州市	甘肃省
嘉峪关市	6202	6202	6202	6202	嘉峪关市	甘肃省
金昌市	6203	6203	6203	6203	金昌市	甘肃省
白银市	6204	6204	6204	6204	白银市	甘肃省

续表

地区名称	CODE	1990 年 ID	2000 年 ID	2010 年 ID	"六普"名称	"六普"省份
天水市	6205	6205	6205	6205	天水市	甘肃省
武威市	6206	6223	6223	6206	武威市	甘肃省
张掖市	6207	6222	6222	6207	张掖市	甘肃省
平凉市	6208	6227	6227	6208	平凉市	甘肃省
酒泉市	6209	6221	6221	6209	酒泉市	甘肃省
庆阳市	6210	6228	6228	6210	庆阳市	甘肃省
定西市	6211	6224	6224	6211	定西市	甘肃省
陇南市	6212	6226	6226	6212	陇南市	甘肃省
临夏自治州	6229	6229	6229	6229	临夏自治州	甘肃省
甘南自治州	6230	6230	6230	6230	甘南自治州	甘肃省
西宁市	6301	6301	6301	6301	西宁市	青海省
海东地区	6321	6321	6321	6321	海东地区	青海省
海北自治州	6322	6322	6322	6322	海北自治州	青海省
黄南自治州	6323	6323	6323	6323	黄南自治州	青海省
海南自治州	6325	6325	6325	6325	海南自治州	青海省
果洛自治州	6326	6326	6326	6326	果洛自治州	青海省
玉树自治州	6327	6327	6327	6327	玉树自治州	青海省
海西自治州	6328	6328	6328	6328	海西自治州	青海省
银川市	6401	6401	6401	6401	银川市	宁夏回族自治区
石嘴山市	6402	6402	6402	6402	石嘴山市	宁夏回族自治区
吴忠市	6403	6421	6403	6403	吴忠市	宁夏回族自治区
固原市	6404	6422	6404	6404	固原市	宁夏回族自治区
中卫市	6405	6421	6403	6405		
乌鲁木齐	6501	6501	6501	6501	乌鲁木齐	新疆维吾尔自治区
克拉玛依	6502	6502	6502	6502	克拉玛依	新疆维吾尔自治区
吐鲁番地	6521	6521	6521	6521	吐鲁番地	新疆维吾尔自治区

续表

地区名称	CODE	1990 年 ID	2000 年 ID	2010 年 ID	"六普"名称	"六普"省份
哈密地区	6522	6522	6522	6522	哈密地区	新疆维吾尔自治区
昌吉回族	6523	6523	6523	6523	昌吉回族	新疆维吾尔自治区
博尔塔拉	6527	6527	6527	6527	博尔塔拉	新疆维吾尔自治区
巴音郭楞	6528	6528	6528	6528	巴音郭楞	新疆维吾尔自治区
阿克苏地	6529	6529	6529	6529	阿克苏地	新疆维吾尔自治区
克孜勒苏	6530	6530	6530	6530	克孜勒苏	新疆维吾尔自治区
喀什地区	6531	6531	6531	6531	喀什地区	新疆维吾尔自治区
和田地区	6532	6532	6532	6532	和田地区	新疆维吾尔自治区
伊犁哈萨	6540	6540	6540	6540	伊犁哈萨	新疆维吾尔自治区
塔城地区	6542	6542	6542	6542	塔城地区	新疆维吾尔自治区
阿勒泰地	6543	6543	6543	6543	阿勒泰地	新疆维吾尔自治区
新疆维吾尔自治区	6590	6590	6590	6590	自治区直	新疆维吾尔自治区
万县	50021	5122	5002	5002		
涪陵	50022	5123	5002	5002		
黔江地区	50023	5135	5002	5002		
东川区	53011	5302	5301	5301		
伊犁	65401	6541	6541	6540		

注：①于 2006 年 8 月改为"阿城区"；②2012 年 12 月更名为襄阳市；③全称为湘西土家庭苗族自治州。

图书在版编目（CIP）数据

中国性别失衡演变机制研究／闫绍华，李树茁著
. -- 北京：社会科学文献出版社，2018.9
（西安交通大学人口与发展研究所·学术文库）
ISBN 978 - 7 - 5201 - 3344 - 9

Ⅰ.①中… Ⅱ.①闫… ②李… Ⅲ.①人口性别构成
- 研究 - 中国 Ⅳ.①C924.24

中国版本图书馆 CIP 数据核字（2018）第 200859 号

西安交通大学人口与发展研究所·学术文库

中国性别失衡演变机制研究

著　　者／闫绍华　李树茁

出 版 人／谢寿光
项目统筹／周　丽　高　雁
责任编辑／冯咏梅　张　娇

出　　版／社会科学文献出版社·经济与管理分社(010)59367226
　　　　　地址：北京市北三环中路甲 29 号院华龙大厦　邮编：100029
　　　　　网址：www.ssap.com.cn
发　　行／市场营销中心（010）59367081　59367018
印　　装／三河市尚艺印装有限公司

规　　格／开本：787mm×1092mm　1/16
　　　　　印 张：13.5　字 数：173 千字
版　　次／2018 年 9 月第 1 版　2018 年 9 月第 1 次印刷
书　　号／ISBN 978 - 7 - 5201 - 3344 - 9
定　　价／79.00 元